きみたちのSOSにこたえるシリーズ②

毎日を生きるコツ

～友だち・家族・人間関係～

『毎日を生きるコツ』編集委員会

Gakken

もくじ

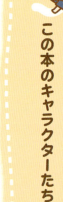

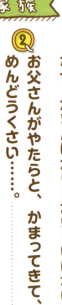

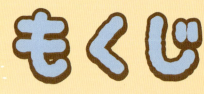

友だち・人間関係《にんげんかんけい》

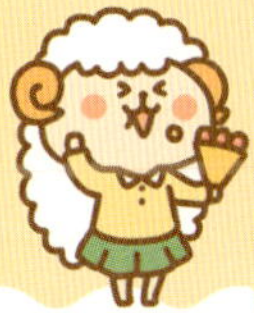

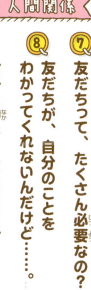

はじまりはじまり ～プロローグ～

おはよってば！
あ、ヒロくんおはよ～
なんか元気ないね～
友だちのことで、いろいろなやんでてね…はぁ
おはよ～
いっちー目の下、すごいクマ！
今おもしろい本、読んでてさ～早く帰って続《つづ》きが読みたいよ
えっ？ それなんてマンガ？
マンガじゃないよ。外国の有名《ゆうめい》な小説《しょうせつ》さ
むずかしそ～
お！ハナがいる

ここはボールでカッコイイ登場《とうじょう》をすれば…
ステキ
ってなるはず！
ちーっす
キン太《た》、道でサッカーすると、あぶないよ
やめたほうがいいよ
思ってた反応《はんのう》とちがう!?
へーき、へーき！見てろよ～
あっ
あっ
!!
ぼふっ
?
ごっごめん

だいじょぶ？
もう！あぶないわね！
ヘタクソ
グサッ
おはよ～
おはよ～
あれ？くまおくん、荷物《にもつ》多くない？
うん……
何をわすれても貸《か》してあげられるようにね！
わい
わい
わい
きみたち

もう学校はじまりますよ
キーンコーン
あ！チャイム
カーンコーン
はわわわ
早く行きましょ

いそげぇぇ〜

校長室
みんな、いろいろなやんでおるのう
また、こやつの出番かな
なやみポスト
あ！ なやみポストだ！
よ～し！ さっそく、なやみを入れるぞ 本当に解決《かいけつ》できるのかな？
なやみ

この本のキャラクターたち

あにまる町に住《す》む、楽しくて明るい仲間《なかま》を
ご紹介《しょうかい》！　この本で活やくするのはだれだろう？

あにまる南小学校
3年2組のみんな

ヒロくん
ちょっとうっかりな、
のんびり屋《や》さん

ハナ
ヒロくんのおさななじみ。
いつも元気。

キン太《た》
サッカーが得意《とくい》だけど
勉強《べんきょう》が苦手《にがて》。

コウ
こわがりだが、だれよりも
正義感《せいぎかん》が強い。

くまお
おとなしくて、
いつもおおらか。

みき
マイペースで、大人な
考えの持《も》ち主《ぬし》。

ユメ子《こ》
かなえたい、大きな
夢《ゆめ》を持《も》っている。

パンダ校長
子どもたちのなやみを
解決《かいけつ》したいと思っている。

ヒロくんファミリー 犬山家《いぬやまけ》

ヒロくんの妹（もも）
兄のヒロより、しっかりしている。

お母さん
こまかいことにもよく気がつく。おこるとこわい。

お父さん
ヒロたちをよく遊《あそ》びに連《つ》れていってくれる。

カリン
おしゃれで、スタイルばつぐん！

いっちー
勉強《べんきょう》が得意《とくい》。一人で過《す》ごすのが好《す》き。

アラン
外国からの転校生《てんこうせい》。英語《えいご》ペラペラ。

もえ
やさしい。カエルが好《す》き。

本の使《つか》い方《かた》

この本に出てくるものをきみのなやみ解決《かいけつ》に役《やく》立ててね！

なやみクエスチョン
なやみを質問《しつもん》にしてあります。もくじからさがして読むこともできます。

パンダ校長のおみくじ
おみくじの中身《なかみ》は、昔《むかし》から伝《つた》わる『論語《ろんご》』と『孫子《そんし》』の言葉《ことば》をもとにしています。なやみ解決《かいけつ》のヒントとして、使《つか》われています。

なやみアンサー
この本での、解決《かいけつ》の道筋《みちすじ》をまとめています。

もえちゃんのもやもや
元気のない友だちをはげましたい！ でもどうやって？

※『論語』『孫子』については、あとがき(P.158-159)もご覧ください。

1Q お兄ちゃんだからって、なぜ、がまんばかりしなきゃいけないの？

まほうガール、がんばれ！
ピッ
こっちにしようぜ
ワハハ
あっ！かえないでよ！
リモコン返《かえ》して！
やだよ～
パッ
お兄ちゃんなんだから、がまんしなさい！
そんな～

ヒロくんのもやもや

いつも
ぼくがソン
してるよ

「すぐに
お兄ちゃん
だから」って
言われる……

お兄ちゃんでソンしていると思うこと

妹のために
がまんする
ことが多い。

妹の面《めん》どうを
みないと
いけない。

妹みたいには
かわいがって
もらえない。

けんかに
なると、
おこられる。

お兄ちゃんで得《とく》すると思うこと

けんか
では
負《ま》けない。

妹よりも
速《はや》く走ったり、
登《のぼ》ったり
高いところに
手がとどいた
りする。

ソンのほうが
多いよ……。

なるほどわしは
一人っ子だから
ちょっと
うらやましい
なやみじゃが……

後生《こうせい》おそるべし。

『論語《ろんご》』子《し》罕《かん》第《だい》九

◆意味《いみ》
若者《わかもの》を侮《あなど》ってはならない。

妹にがまんさせられているとばかり思っていると、いつの間にか、追《お》いぬかれてしまうこともあるかもしれん。

ワシ流《りゅう》の解《かい》しゃくじゃよ。

人の成長《せいちょう》はあっという間じゃ。

がまんは、今のうちだけ

がまんがずっと続《つづ》くと思っていない？ そんなことはないかもしれない。

もしかすると一年後は……？

ピッ

お兄ちゃん、いっしょに見ようよ！最近《さいきん》わたしもお笑《わら》い好《す》きなんだ～
!!

こんなふうにあっという間に妹も同じ番組《ばんぐみ》が好《す》きになるかもしれない。

もしかすると……？

妹のほうが大人っぽく
なっちゃったら、
それはそれでちょっと
さみしいんじゃない？

今こそ、
がまん修行《しゅぎょう》が
できるときだと
思ってみるのは
どうかな？

お兄ちゃんや
お姉ちゃんで
あるということは、
きちょうな
経験《けいけん》なんだと
考えたらどうだろう。
きみの心がぐぐっと成長《せいちょう》するぞ！

妹や弟は、お兄ちゃん、お姉ちゃんをこう見ているのかも！

弟や妹から見えているきみは、自分が思っている自分と、少しちがうかもしれない。妹や弟にとって、お兄ちゃんお姉ちゃんは、自分よりもずっといろいろなことができて、多くのことを知っている人なんだ。いざというときは、自分の味方《みかた》になってくれる人、と信頼《しんらい》されているんだよ。

あこがれの目で見ていることもある。

そんけい…

お兄ちゃん、お姉ちゃんて、すごいよね。
わたしたちには、できないことも、できるんだね。

★まよったときは、道をしめしてくれる。
そんなふうにたよりにしていることも…。

こっち

★不安《ふあん》なときや元気のないときに、味方《みかた》になって応《おう》えんしてくれる。
心強いそんざいでもあるんだ。

そっか、ももも どんどん成長《せいちょう》して いくんだもんね
意外《いがい》と お兄ちゃんて、大変《たいへん》なんだね!

② お父さんがやたらと、かまってきて、めんどうくさい……。

ヒロ！ いっしょに公園でサッカーしよう！
わーい！
週末《しゅうまつ》つりに行こう
えっ
いいけど
バッティングセンター行こう
ヒロ～プール行かないか？
週末《しゅうまつ》はキャンプへ行こう！
勉強《べんきょう》はどうだ？わからないところ、ないか？
パパ！集中《しゅうちゅう》できないから向《む》こう行ってて！
す、すまん

故《ふる》きを温《あたた》めて新《あたら》しきを知《し》る、以《もっ》て師《し》と為《な》るべし。

『論語《ろんご》』為政《いせい》第《だい》二

◆意味《いみ》
古いことから学んで、新しいことに気づくなら、人の先生になれる。

ことわざの「温故知新《おんこちしん》」という言葉《ことば》のもとになった教えじゃ。お父さんはきみに何を伝《つた》えたかったのか？きみの成長《せいちょう》に必要《ひつよう》なこと、お父さんが知っていることを教えたいんじゃないのか？

知っておったかのう？

お父さんの気持《きも》ちって……？

きみにわかってもらうには、これが一番だ
さあ、これに乗《の》って！
え？どこ行くの？

タイムマシンで出発《しゅっぱつ》！
タッ！タイムマシン!?
ピピピ
ビューン
ピピピ

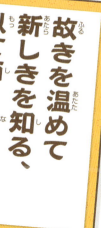

30年後についたぞ
ズ〜ン
本当に30年後なの？ここどこ？
静《しず》かに
キョロ キョロ
あれ？パパ？
いや、あれは大人になったきみじゃ
ぼく!?
ほらモカ、ボールだよ
じゃあ、あれはぼくの子ども？
そういえば、ぼくも小さいころ公園でパパとボール遊《あそ》びしてたな…
何か思い出したようじゃな
次《つぎ》はこの3年後に行ってみよう
ビュ〜ン

あ！つりしてる
子どもは今のぼくと同じくらいだ！つまらなそうにやってるね
パパも、モカくらいのとき、おじいちゃんにつりに連《つ》れてきてもらったんだ。はじめはつまらなかったけど、最後《さいご》に大きい魚がつれてな～
今、思い出してもすごく楽しかったなーと思うんだ
そうか！　大人のぼくは楽しかったことを思い出して子どもにも同じことをしてるんだね！　パパも同じなんだ！
じいちゃん
パパ
パパ
ぼく

親の思いは、つながっていくんだよ

親というのは、自分が経験《けいけん》してきたことで得《え》たことを自分の子どもにも伝《つた》えておこう、と思っていてくれるんだ。また、逆《ぎゃく》に、自分ができなかったことを経験《けいけん》させようと思うこともある。そんなたくさんの思いが、ずっとつながっているんだよ。

楽しい経験《けいけん》
キャンプや花火大会、海《かい》水浴《すいよく》にプール、コンサート、スポーツの試合《しあい》……楽しかった経験《けいけん》は同じように経験《けいけん》させたい！
役《やく》に立った経験《けいけん》
子どものときにたくさん本を読んでいたことが役《やく》に立ったの。ぜひ、読ませたい！
できなかった経験《けいけん》
習《なら》いごとをたくさんさせたいな。それに外国旅行《りょこう》も経験《けいけん》してほしい！

ギュイ――ン
パパ～
パパ、今いそがしい？
ん～？
宿題《しゅくだい》、わからないところがあるから教えてほしいな
おお！もちろんいいぞ！
よかったのぅ

Q3 お母さんがおこりっぽい! どうして?

ヒロくんのもやもや
いくらなんでもおこりすぎ！ぼくの気持《きも》ちも考えてよ！
これじゃあ、ママのことをきらいになるかも！
ヒロくんの言い分
ぼくだってちゃんとやってることもあるんだよ！
ママの言い分
ママだって、おこりたくておこってるんじゃないわ！おこらせてるのよ、ヒロが。
ふだんから、おこられないようにしていればいいんだよね……でも、タイミングが悪《わる》いよ。
ヒロくんの心の声
何度《なんど》、注意《ちゅうい》しても直らないと、おこりたくもなるのよ。おこらなくてすむなら、おこりたくないわ！
ママの本音
ふぉふぉふぉふぉ
おみくじ
おみくじ
ガシャ
ガシャ
よし、おみくじの出番じゃ！

人《ひと》の己《おのれ》を知《し》らざるを患《うれ》えず、人《ひと》を知《し》らざるを患《うれ》う。

『論語《ろんご》』学《がく》而《じ》第《だい》一

◆意味《いみ》

人が自分を認《みと》めてくれないことを心配《しんぱい》するのではなく、自分が人を認《みと》めようとしないことのほうを心配《しんぱい》しなさい。

相手《あいて》に自分の言い分をきいてほしいと思うより、自分が相手《あいて》の気持《きも》ちをわかってないのかも、と心配《しんぱい》すべきなのじゃ。
わし流《りゅう》の解《かい》しゃくじゃが。

相手《あいて》の気持《きも》ちがわかれば、きみはオ・ト・ナ！

お母さんの立場に立って考えてみよう。それができれば、大人への第一歩《だいいっぽ》！

そっか、ママも大変《たいへん》なんだね。ぼく、もっとお手伝《てつだ》いするね
まあ！ヒロったら、すっかりたのもしいわね！

そんなにかんたんにはいかんぞ まずは、タイプ別《べつ》テストで自分を知るのじゃ
ZZZ

きみはどのタイプ!? 自分を知って、ママをにこにこさせよう

Q1 ママがいそがしそう！ どうするのがよさそう？

A そっとしておく

B せんたく物《もの》たたむね！ と言ってできることをする

C 声をかけて手伝《てつだ》う

Q2 ママが町内会の集《あつ》まりで出かけるよ。どう過《す》ごす？

A ママが帰るまでゲームをする

B 自分の部屋《へや》のかたづけをする

C 自分も出かける

Q3 げん関《かん》にくつが散《ち》らばっている。どうしておくのがいい？

A そのままにする

B みんなのくつをきれいにならべる

C 自分のくつだけしまう

Q4 雨がふりそう！ ほしてあるせんたく物《もの》があるよ。どうする？

A 雨がふってくるまでは何もしない

B かわいているかどうか確認《かくにん》してから、取《と》りこむ

C とにかく部屋《へや》に取《と》りこむ

Q5 あしたは日曜日。何をして過《す》ごす？

A 友だちと遊《あそ》びの計画を立てる

B 早《はや》起《お》きをしてお手伝《てつだ》いをする

C マンガを読む

自分のふだんの様子《ようす》にもっとも当てはまるものをABCから選《えら》んで数えてみよう。

Q6 **おつかいをたのまれたのに、何を買うかわすれちゃった！**

A 予想《よそう》して何かを買ってかえる

B 一度《いちど》家に帰って、きいてから、もう一度《いちど》行く

C お店の人に、おすすめをきく

Q7 **妹がジュースをこぼした！それを見ていたら……どうする？**

A 妹とあやまりにいく

B いっしょにかたづける

C 「気にしない！」と、はげます

Q8 **おこづかいをもらった。まずはどうしよう？**

A 何に使《つか》うか考える

B まずは、貯金箱《ちょきんばこ》に入れる

C すぐにたこ焼《や》きを買いに行く

Q9 **宿題《しゅくだい》がたくさん出た。いつやる？**

A まずはおやつを食べてから

B とにかく先にやる

C その前に部屋《へや》をかたづける

Q10 **パパがかさをわすれたみたい。雨がふってきたけど、どうするのがいいかな？**

A かさを持《も》ってむかえに行く

B ママに相談《そうだん》してみる

C 天気予報《てんきよほう》を確認《かくにん》する

Q11 食べ終《お》わった食器《しょっき》が出しっぱなし。どうしよう？

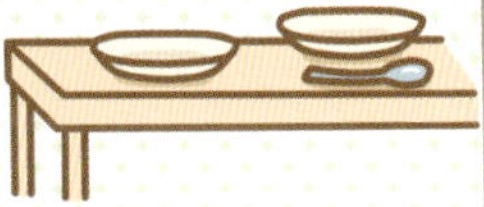

- A おうちの人といっしょにかたづける
- B みんなのをかたづける
- C 自分のだけ、かたづける

Q12 友だちに、キャンプにさそわれた。どうしよう？

- A 行く！と、とりあえず言う
- B おうちの人にきいてから返事《へんじ》をする
- C 行きたいけど、まだわからない、と言う

Q13 つくえの上におやつのケーキがある。どうする？

- A 食べる
- B 食べていいか、確認《かくにん》する
- C こっそり半分だけ食べる

Q14 荷物《にもつ》をたくさん持《も》っているママを見つけたよ。どうしたい？

- A いっしょに荷物《にもつ》を持《も》つ
- B 声をかけて様子《ようす》をうかがう
- C パパに「持《も》ってあげて」と言う

きみはだれタイプ!? 結果発表《けっかはっぴょう》

質問《しつもん》の答えはどうなったかな？ 自分の答えの数をかぞえてみよう。

Cの数（　　）こ　Bの数（　　）こ　Aの数（　　）こ

Aが一番多い ヒロくんタイプ

ヒロくんタイプのきみは、とってもやさしい思いやりのある性格《せいかく》。でも、だれかが手伝《てつだ》ってほしいときに意外《いがい》と気づいてないときがあるかも。

アドバイス：まずは、「何か手伝《てつだ》うことある？」と声をかけてみよう！

Bが一番多い いっちータイプ

いっちータイプのきみは、しっかりものの性格《せいかく》。お手伝《てつだ》いもよくできるから、これからもおうちの人といっしょに協力《きょうりょく》していこう。

アドバイス：このままお手《て》伝《つだ》いをがんばって！ きっと家でもたよりにされるはず！

Cが一番多い ハナちゃんタイプ

ハナちゃんタイプのきみは、ちょっぴりおっちょこちょい。でも、やる気はあるから、失《しっ》敗《ぱい》しても落《お》ちこまないでお手《て》伝《つだ》いしよう。

アドバイス：自分ができることを広げていくと、得意《とくい》なことがもっとうまくなるよ。

いかりは、みんないやなもの。いかりは、いかりをよぶよ

だれかが、おこっていると……

いかりがうつり、倍《ばい》になる

相手《あいて》の気持《きも》ちを考えられると……

いかりはうつらず、おさまる

おうちの人も気持《きも》ちよく過《す》ごせるように、みんなで協力《きょうりょく》しよう！

みんなで少しずつ協力《きょうりょく》し合えば、大変《たいへん》なことも少しずつへらすことができるね。そうすれば、だれかのイライラやおこっている気持《きも》ちもへらすことができるかもしれない。

おうちのことを手伝《てつだ》ったり……

そうか、お手伝《てつだ》いすればいいんだ！

自分のことはきちんと自分でやったり……

ぼくも服《ふく》をたたむのは得意《とくい》だよ

家族《かぞく》で協力《きょうりょく》しようね

4 どうしてお古ばかり、使《つか》わなくちゃいけないの？

ママ！来週から学校で習字《しゅうじ》がはじまるんだって！習字《しゅうじ》セット買って！
あ、そうなの。ちょうどいいのがあるわよ
ほらこれ
DOG
これ、お兄ちゃんのじゃないの？
そうよ。でもお兄ちゃん、もう使《つか》わないから
DOG
えーー！やだ！
もっとかわいいのがいい！
だめよ、まだ使《つか》えるでしょ
そんな〜

モモちゃんのもやもや

ずるいよ！お兄ちゃんは新しいのばっかり使《つか》ってる！
わたしは、いっつもお古！

お古のいやなところ
好《す》きなものを選《えら》べない。
自分が使《つか》う前からよごれている。
古い物《もの》って感《かん》じがして、やる気が出ない。
お古のいいところ？
リサイクル？エコ？お金がかからない。
お古はわたしにとっては、いやなところばっかり！

わしのおみくじも実《じつ》はお古じゃ
おじいさんの、そのまたおじいさんが、使《つか》っていたんじゃよ～
おみくじ
おみくじ
ガシャ
ガシャ

聞《き》くこと有《あ》りて、未《いま》だこれを行《おこな》うこと能《あた》わざれば、ただ、聞《き》く有《あ》らんことを恐《おそ》る。
『論《ろん》語《ご》』公《こう》冶《や》長《ちょう》第《だい》五

◆意味《いみ》
以前《いぜん》に聞いた教えを実践《じっせん》できるようになるまで、新しい教えを聞く事《こと》を恐《おそ》れた。

そもそも、ちゃんとお古の習字道具《しゅうじどうぐ》を使《つか》いこなせそうかな？　新しいのは、それからでもいいと思うぞ。
おみくじは使《つか》いこなせてきたぞ。

考えてみよう1「もしも新しいものを買ってもらったら？」

新しいの買ったんだから、しっかり使《つか》うのよ
ありがとう！
わーい
ちゃんとがんばって使《つか》えば……
がんばってるわね。新しく買ってよかったわ
犬山 モモ

買ってもらうと、それなりの責任《せきにん》があるものじゃ

新しいものを買ってもらうなら、買ってよかったと思われるようにならないとね……

そうさ！それにぼくなんか、「妹も使《つか》うからていねいに使《つか》うのよ」とか、いっつも言われてるんだぞ～

こんなこともありうる……

ちょっと！習字道具《しゅうじどうぐ》わすれたって連《れん》らく帳《ちょう》に書いてあるわよ！せっかく買ったんだから、ちゃんと使《つか》いなさい！

せっかく買ってもらったのに、全然《ぜんぜん》使《つか》えてないや…。どうして新しいのがほしかったんだろう…

考えてみよう2
「もしもお古を大切に使《つか》ったら？」

お古だからといって、らんぼうに使《つか》わず、大切に使《つか》ったらどうだろう。

お兄ちゃんも大切に使《つか》ってたんだもんね

★お兄ちゃんやお姉ちゃんの気持《きも》ちがわかるかも…

お姉ちゃんのお古が使《つか》いこなせたら、新品を買おう。
ひえ〜っ

お姉ちゃん、ちゃんときれいに使《つか》ってくれてたんだ。

それに、こんなことだってあるかもしれない

この間、習字《しゅうじ》の宿題《しゅくだい》がんばってたから、そろそろ新しいのを買ってあげようかしら。

お古だし、よごれてるから思いっきり使《つか》えるね！よごしてもおこられない！

お姉ちゃん

いつもお古ばかりだから、今回は先に使《つか》ってもいいよ！新品、使《つか》わせてあげる！

お古だから〝いや〟と思わないで、考え方を変《か》えてみよう。

どうじゃな？お古だってりっぱな道具《どうぐ》。きちんと使《つか》うことが大切なんじゃ

大切に使《つか》うことで愛着《あいちゃく》もわいてくるかもしれんぞ

ポン

5 友だちなら、好《す》きなものを合わせるべき？

ユメ子《こ》ちゃん、このお店かわいいものたくさん売ってるんだよ～
へ～入りましょう
Lovely Shop
SALE
ほら見て～！かわいいカエルいっぱい！
もえちゃん、カエル好《す》きなの？
大《だい》好《す》き
ユメ子《こ》ちゃんは？
す、好《す》きだよ
かわいいよね～

ユメちゃんのもやもや

わたしは
金魚が
好《す》きなのに……

カエルは本当
は好《す》きじゃない
のに……
流《なが》れで好《す》きと
言っちゃった……

友だちだったら合わせるべき？

合わせたほうがいい！

もえちゃんが
あんなにうれしそう
なんだもん！
友だちなんだし、
好《この》みがいっしょのほうが
これからも仲《なか》よく
なれるよ。

好《す》きじゃ
ないって
言ったら、
空気
読めないって
思われ
そう……。

合わせなくてもいい！

正直《しょうじき》に
言ったら、
どうだった
のかな？

正直《しょうじき》に言った
だけできらわれる？
わたしだったら、
どっちのほうが
うれしいかな。

これは
むずかしい
のう

合わせる
べきか
正直《しょうじき》に言う
べきか……

巧《こう》言《げん》令《れい》色《しょく》、すくなし仁《じん》。

『論《ろん》語《ご》』学《がく》而《じ》第《だい》一

◆意《い》味《み》
言《こと》葉《ば》巧《たく》みにお世《せ》辞《じ》を言い愛《あい》想《そ》笑《わら》いのうまい人に人《じん》格《かく》者《しゃ》はいない。

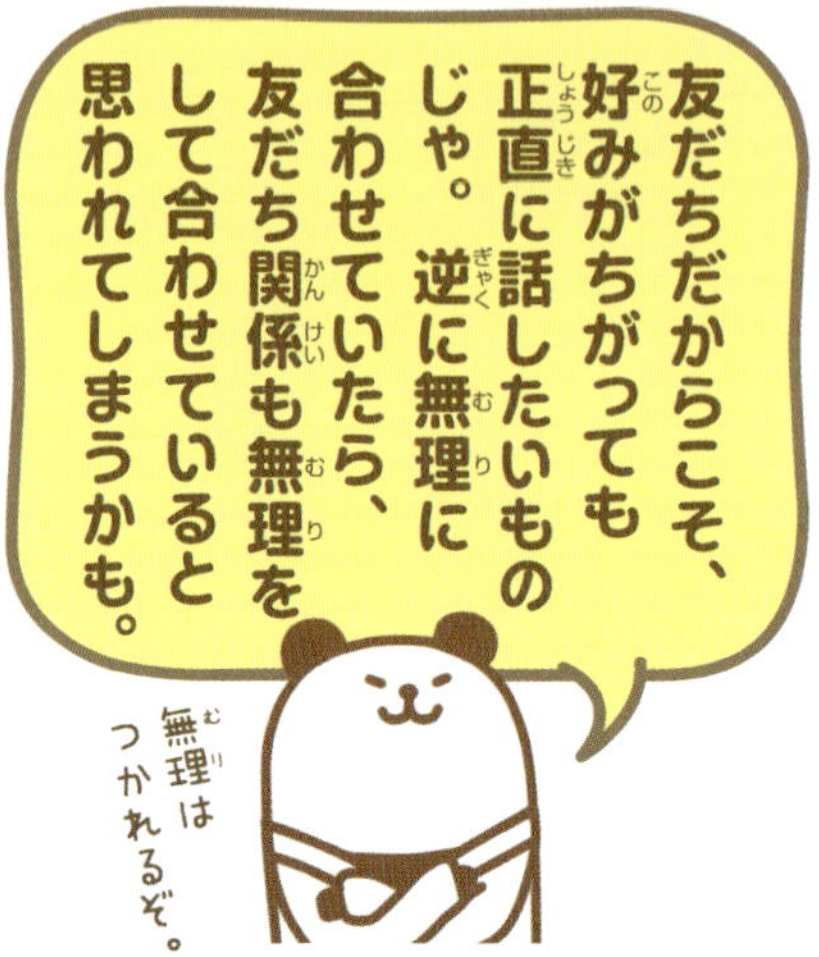
友だちだからこそ、好《この》みがちがっても正《しょう》直《じき》に話したいものじゃ。逆《ぎゃく》に無《む》理《り》に合わせていたら、友だち関《かん》係《けい》も無《む》理《り》をして合わせていると思われてしまうかも。
無《む》理《り》はつかれるぞ。

合わせる、合わせないで、どうかわるかな？

わたしが好《す》きなのは、カエル！ それに、アイスクリーム おやつの中では、一番好《す》き！

★無《む》理《り》に合わせていると……

どっちもいいよね！ わたしも好《す》きだよ
ユメ子《こ》ちゃんも好《す》きなんだ！ 同じなんてうれしいな

★ありのままだと……

わたし、金魚が好《す》きなんだ！ きれいだし、かわいいし。あと、食べ物《もの》はポテトチップスが好《す》きだよ！
そうなんだ！ どっちもいいよね

ユメ子《こ》ちゃん、これプレゼント！カエルさんの文ぼう具《ぐ》セットだよ！
わぁ、ありがとう〜
本当は金魚が好《す》きなんだけど、もえちゃんがせっかく、くれたんだから使《つか》わないとね

話を合わせてつき合っていると、どこかで相手《あいて》にもなんとなく伝《つた》わってしまうもの。

ユメちゃん、見て見て!!金魚とカエルのノート見つけたの
ステキ！
おそろいで買ったから、いっしょに使《つか》おう〜
うん！ありがとう！大切にするね

相手《あいて》の言うことをきいて、自分のこともはっきり言うと、おたがいがわかり合えるよ。思いやりの気持《きも》ちが深《ふか》まるよ。

「合わせてくれる、くれない」きみはどっちがいいかな？

きみ自身《じしん》は、どんな友だちがいいだろう？　考えてみよう。

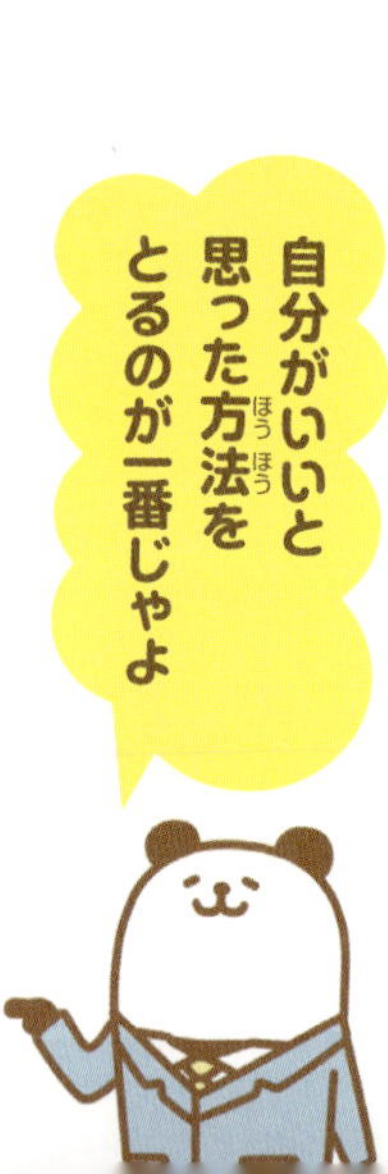
自分がいいと
思った方法《ほうほう》を
とるのが一番じゃよ

昨日《きのう》のサッカーみた？
シドッチのシュートが、すごかったんだ！
おれ、シドッチ好《す》きなんだけど、
どう？

この問《と》いかけに
三人の友だちが、答えたよ。
きみにとっては、
どの答えが一番いいかな？

うん、いいよね。
人気あるよね！
パスを出した
友田《ともだ》のほうが
すごかったと
思ったけど…

言ったことを認《みと》めてくれて、
自分の気持《きも》ちをかくしてまで合わせてくれる。

ぼくは、
断然《だんぜん》ペルリだね！
シドッチなんて、
ダメダメ。
昨日《きのう》のシュートは、
たまたま。

言ったことを認《みと》めてくれず、
自分の意見《いけん》を言う。

あ、シドッチ好《す》きなんだ！
シュート、得意《とくい》だよね！ でも、
マルペスが一番好《す》きかな～。
足が速《はや》いじゃん！

言ったことを認《みと》めてくれて、
そのうえで自分の考えをかくさずに言う。

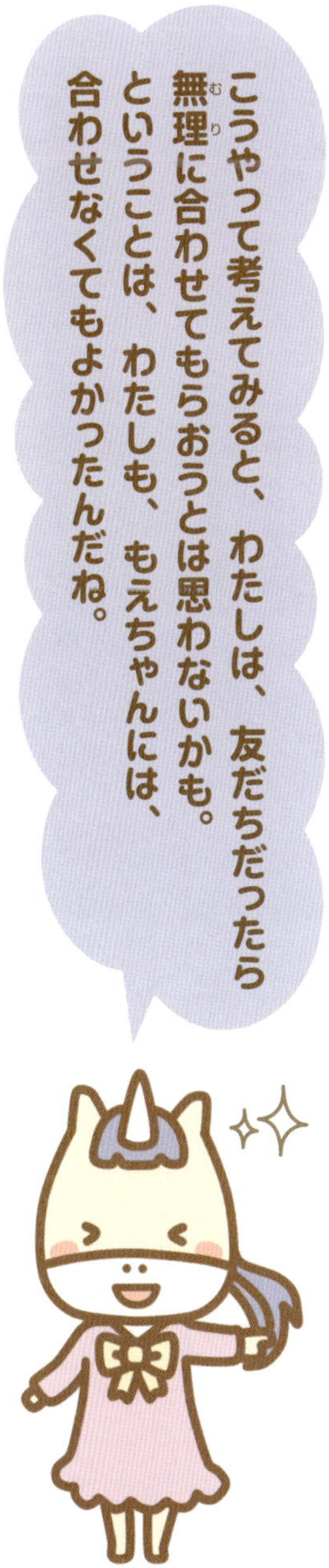
こうやって考えてみると、わたしは、友だちだったら
無理《むり》に合わせてもらおうとは思わないかも。
ということは、わたしも、もえちゃんには、
合わせなくてもよかったんだね。

6 人にまねされるのが、いやなんだけど……。

ハナちゃん、どうしたのそのリボン！
かわいい～！
そう!? 昨日《きのう》ハラスクで買ってもらったの
いいな～
次《つぎ》の日
あれはとなりのクラスの……
あ！
キャッ キャッ
リボンまねされてる！
わたしだけのオシャレ……

ハナちゃんのもやもや

もうこのリボンはつけない！や〜めた！

なんて言ったらいいのか……いやなのー！

きっとわたしのまねをしたんだ!

自分だけのおしゃれができたと思ったのに……。となりのクラスの子たち、きっとまねしたんだ！

でも、わたしのリボンを見てまねしたのならちょっとうれしいかも？

もしかして、ぐうぜんなの?

ハラスクには同じリボンがたくさん売ってたしもしかしたら、ぐうぜんかも。

わたしがまねしたって思われそうでもう、リボン、つけたくないな……。

おとめ心は複雑《ふくざつ》じゃのう

そのリボンつけないなら、わしがつけようか？

おみくじ

おみくじ

ガシャ

ガシャ

戦勢《せんせい》は奇正《きせい》に過《す》ぎざるも、奇正《きせい》の変《へん》はあげて窮《きわ》むべからざるなり。

『孫子《そんし》』勢篇《せいへん》

◆意味《いみ》
戦闘《せんとう》の方法も正攻法《せいこうほう》と奇計《きけい》の二つしかないが、その組み合わせの変化《へんか》は多様《たよう》であり、簡単《かんたん》には勝利《しょうり》の道を極《きわ》められない。

オシャレの極意《ごくい》は組み合わせじゃ！マネされても、さらに自分なりに工夫《くふう》する方法《ほうほう》はいくらでもあるぞ！

わしがおしゃれを語るとは……。

まねされたくなければ、つきぬけるべし！

まねされるのは、
みんながきみのようになりたい、
きみと同じものがほしいと
思っているから。
もしかしたら、
きみにあこがれているのかも
しれないよ。

でも、本当にまねされるのがいやだったら
だれにもまねできないほどの
高みを目指《めざ》そう！

それに……実《じつ》は、あこがれの人はみんな昔《むかし》からまねされていたんじゃ
え!? ママもマネしてたんだ…
わたしも大好《だいす》きでヘアスタイル、マネしたわね～
流行語《りゅうこうご》とよばれる言葉《ことば》やセリフ、ヘアスタイルや洋服《ようふく》などのファッショントレンドも、人気者《にんきもの》の人たちのまねから、はじまっているんだ。それに人気者《にんきもの》の「ものまね」を仕事《しごと》にしている人たちもいるよね。あこがれの人、人気者《にんきもの》というのは昔《むかし》からまねをされることが多いんだよ。
もっとオシャレなリボンさがすぞ!
リボンセール
今度《こんど》こそ、わたしだけのオシャレ!
テレビドラマのえいきょうで、ケーキリボンが大流行《だいりゅうこう》です
ズコー

まねされるということは、それほどいいものなんじゃ

こんなことを言っていた電《でん》化《か》製《せい》品《ひん》の会社の社長もいたんじゃよ

まねされるものを作れ

すごい言葉《ことば》だね。いいものはまねしたいものなんだな

ぼくもまねされる人に、なりたいな

よいものを作ると、
他社《たしゃ》は、まねするだろう。
それでいいのだ。
われわれは、
まねされるものを
作ろうじゃないか。
まねが競争《きょうそう》を生み、
技術《ぎじゅつ》を進歩《しんぽ》させる。
社会はそうやって発展《はってん》するのだ。

そっか、そういう考え方もあるんだね

自《じ》信《しん》があるから言えるのね、きっと

たしかにまねするより、まねされるほうがカッコイイ!

☆でも、まねが許《ゆる》されると努《ど》力《りょく》の結《けっ》果《か》が失《うしな》われることも

発《はつ》明《めい》を守《まも》る法《ほう》律《りつ》

人類《じんるい》は、新しいものを考え、作り、ここまで進歩《しんぽ》してきたよ。これからもそうありたいよね。でも、せっかくがんばっても、かんたんにまねされては、それまでの努力《どりょく》が報《むく》われない。それで発明品《はつめいひん》などを、まねされないように守《まも》る「特許法《とっきょほう》」などの法《ほう》律《りつ》があるよ。勝手《かって》にまねができないような仕組《しく》みになっているんだ。

まねばかりも許《ゆる》されないんだ

Q7 友だちって、たくさん必要《ひつよう》なの？

おーい
ぼくたち友だちだよね！
まあ、そうだよね…
しゃあ！友だち100人目！
………
よーし！次《つぎ》は101人目だ！
おーい
何《なに》？ 今の子となりのクラスの子だよね？
うん、いっしょの町内会なんだ
ふ〜ん
友だちってなんだろうね？たくさんいたほうがいいの？

コウくんのもやもや

友だちってたくさんいるのが、すごい？

友だち100人ってすごい？

友だちって

たくさんいたほうがいいの？

少なくてもいいの？

たくさんいたほうが、さびしくないのかも。ぼくには、友だちが少ししかいないけど、だいじょうぶかな？

大人になると、たくさん友だちいたほうがカッコいい？

友だちがいないわけじゃないし。

仲《なか》よしの友だちが一人いればいい気もする。

友だちは、人生の宝《たから》ものの一つ

しかし、わしにもたくさんはおらんのじゃ

徳《とく》は孤《こ》ならず、必《かなら》ず隣《となり》有《あ》り。

『論語《ろんご》』里《り》仁《じん》第《だい》四

◆意味《いみ》
徳《とく》のある人は決《けっ》して孤立《こりつ》しない。必《かなら》ず理解《りかい》し協力《きょうりょく》する人が出てくるものである。

そもそも、自分にみりょくがあれば、親友は必《かなら》ずできる！自分をみがく、それだけでいいんじゃないかな。
わしもみがくぞ！

小学生にきいてみたら……
友だちの平均《へいきん》人数は約《やく》16人

バンダイこどもアンケートホームページより「小学生のおともだちに関する意識調査」(実査期間 2016年1月15日～1月17日)

〝友だち〟とは、辞典《じてん》では「親しいつき合いのある人」と出ているよ。きみの友だちの数は、どのくらい？

友だちは、何人だって、かまわんのじゃよ

友だち何人いる？

いろいろな人に、きいてみたよ！

小学生以外《いがい》の人に、インタビューしてみたよ。

40人以上《いじょう》

大学生

だいたい40人以上《いじょう》はいるね。サークル活動《かつどう》でいっしょの友だちが、すごくふえたんだ！

25人くらい？

中学生

中学に入って部活《ぶかつ》がはじまったから、一気に友だちがふえたよ。でも、親友は2人だね。

2人だね

会社員

いそがしくなって友だちともなかなか会えないからね。親友がいれば十分さ。

16人かな～？

イラストレーター

う～ん、16人くらいかな。でも、よく連《れん》らくをするのは親友の一人だけだね。

5人くらい

ごいんきょさん

知り合いはたくさんいるけど、友人って考えたら5人くらいかもしれない。

1人かも

大学生

ぼくは親友が一人って感じだね。知り合いはたくさんいるし、別《べつ》にこまってないよ。

大人になるといそがしくなって、連《れん》らくを取《と》り合うのもむずかしくなることも。でも、親友の数は2～3人じゃが、どの人ともつき合いが続《つづ》く。いい親友がいれば、それで十分じゃないかのう。

みりょくのある人になって、いい親友をつくろう！

友だちはたくさんいなくてもいいけれど、気持《きも》ちの通じ合う親友はほしいね。
思いやりがあって、相手《あいて》の立場に立てる人、
これが、みりょくある人と言えるんじゃないかな。

思いやりがある
だれでもあたたかい心の人が好《す》き
元気のない友だちに声をかけてみよう
だれに対《たい》してもやさしい心を持《も》とう
楽しいことを見つけて、みんなで楽しもう

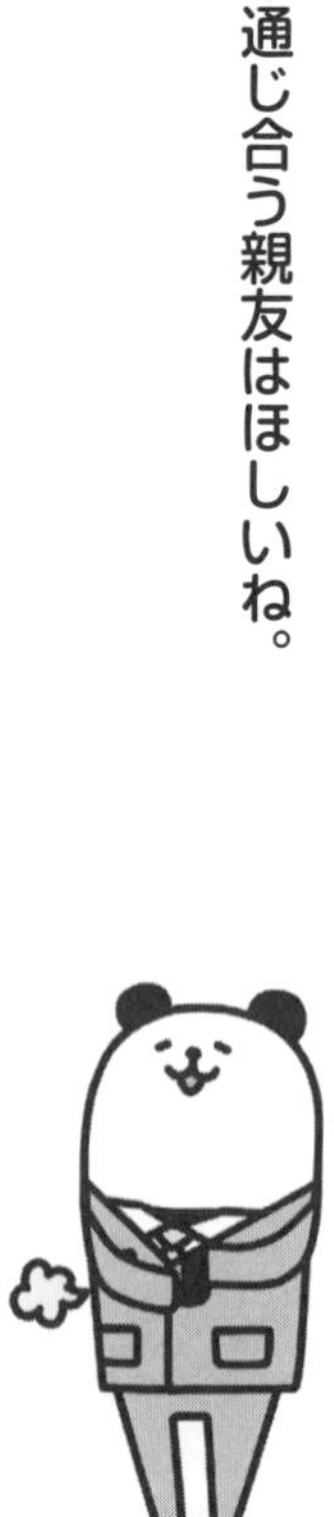

相手《あいて》の立場に立てる

自分を
わかって
くれる
人が好《す》き

相《あい》手《て》の
気《き》持《も》ちを
考えてみよう

きちんと
気《き》持《も》ちを
おたがい
伝《つた》え合おう

自分が相《あい》手《て》と
同じ立場
だったら…
そんなふうに
考えてみよう

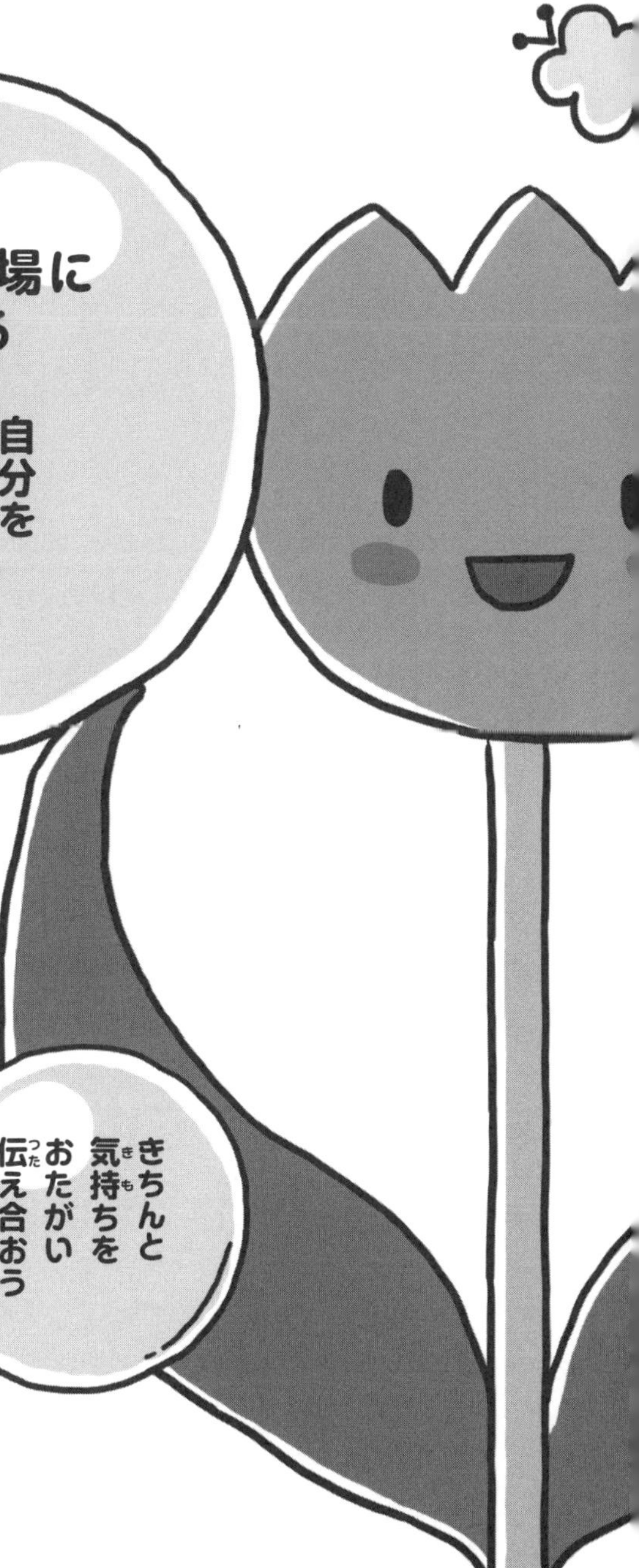

Q8 友だちが、自分のことをわかってくれないんだけど……。

新作のミント アイスもなかなか おいしいけど、 やっぱバニラだな
バニラが 一番だぜ
いや アイスは チョコが一番 おいしいよ
何言って んだよ！ バニラが 基本《きほん》だろ
基本《きほん》とかじゃ なくて、 たんじゅんに 味《あじ》の話だよ
オレたち 友だちだろ
なんで わかってくれ ないんだよ
だって このコク！ 風味《ふうみ》！ チョコが一番 おいしいのが、 この世界《せかい》の 現実《げんじつ》だから
一番は バニラ だ！
ぼくはクッキー クリーム味《あじ》が 一番好《す》き

キン太《た》くんのもやもや

く〜!! わかってくれるって思ってたのに!
友だちなのに、どうしてわかんないんだ!
なぜ、わかってくれない?
オレがダメ?
たしかに、チョコもおいしい。でも、バニラもおいしいじゃん。
それをわかってほしいって思う、オレがダメなのか?
いっちーがわからずや?
いっちーが、チョコアイスばかりほめてて、ヤダ!
何より、いっちーがオレがまちがってるって思っているのがむかつくよ。
どちらも同じくらいおいしいぞ
おみくじ
おみくじ
ガシャ
ガシャ
どうしたらいいのかの〜?

君子《くんし》はこれを己《おのれ》に求《もと》め、小人《しょうじん》はこれを人《ひと》に求《もと》む。

『論語《ろんご》』衛霊公《えいれいこう》第《だい》十五

◆意味《いみ》
人格者《じんかくしゃ》は正しさを自分に求《もと》める。
徳《とく》のない人間《にんげん》は正しさを他人《たにん》に求《もと》める。

友だちがわかってくれないんじゃなくて、それはきみが友だちのことをちゃんと理解《りかい》できていないのかもじゃ。

わかってもらっていないと思ったときは、自分がどうなのかを、自分に問《と》いかけてみよう。

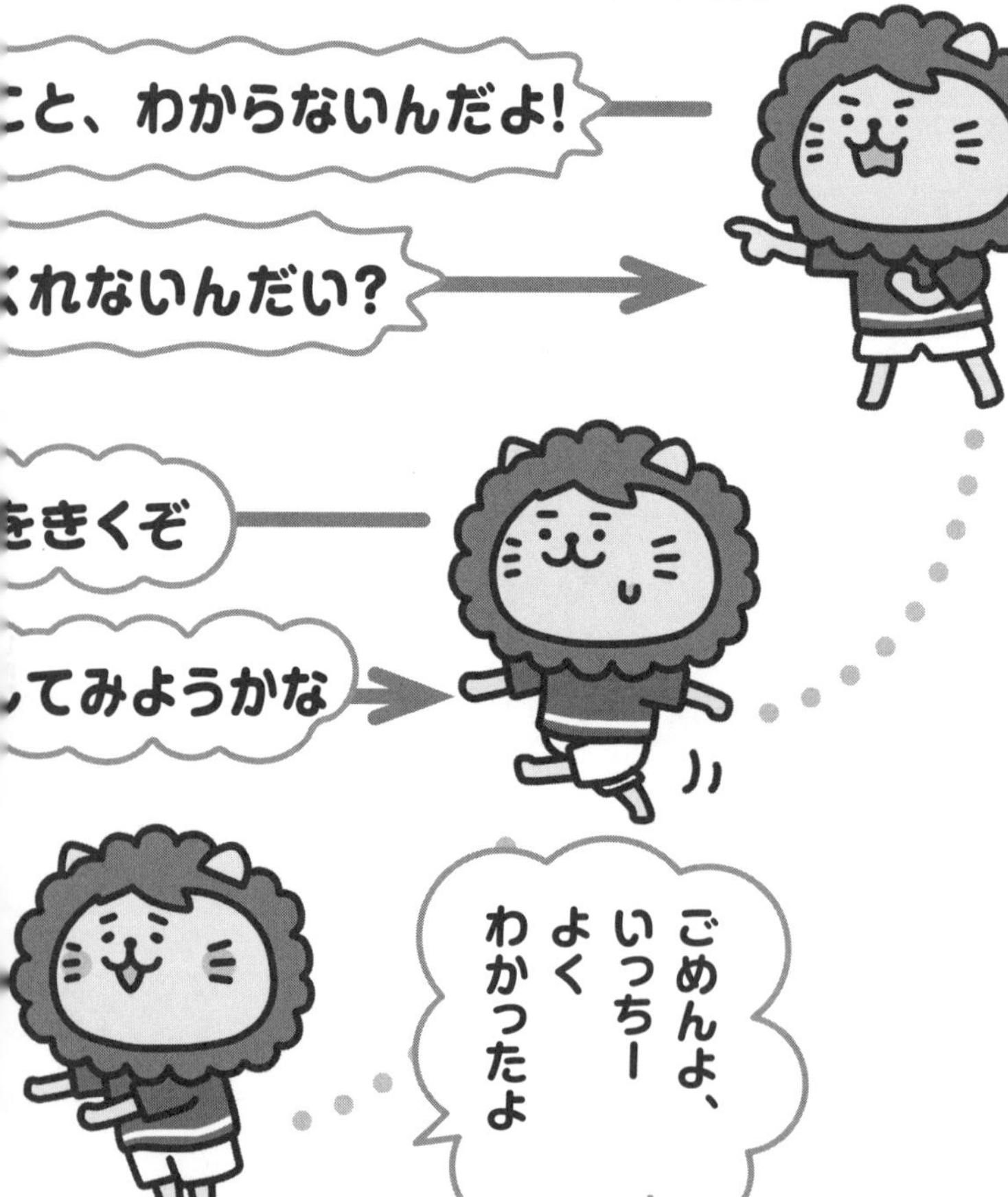

相手《あいて》に理解《りかい》を求《もと》めるのは、大変《たいへん》なことじゃよ。自分が相手《あいて》を理解《りかい》するほうが、実《じつ》はかんたんじゃし、何よりうまくいく。それを孔子《こうし》も言っておるんじゃないかのう。

なんでオレの言
きみこそ、どうして理解《りかい》しようとして
オレだってちゃんと
ぼくのほうからも理解
ぼくこそ、ごめんね

「友だちだから、わかりあえる」のではなく

「わかってほしい」ボールを
一方的《いっぽうてき》に投《な》げても
なかなか受《う》けとって
もらえないよ

自分ばかりが投《な》げるのではなく、「わかろう」と
グローブをたくさん
持《も》つのがいいんだ

つまり、いっちーはチョコアイスが一番好《す》きってことをわかってほしかったのか
そういうことじゃな

「わかりあえるから、友《とも》だち」なんだ！

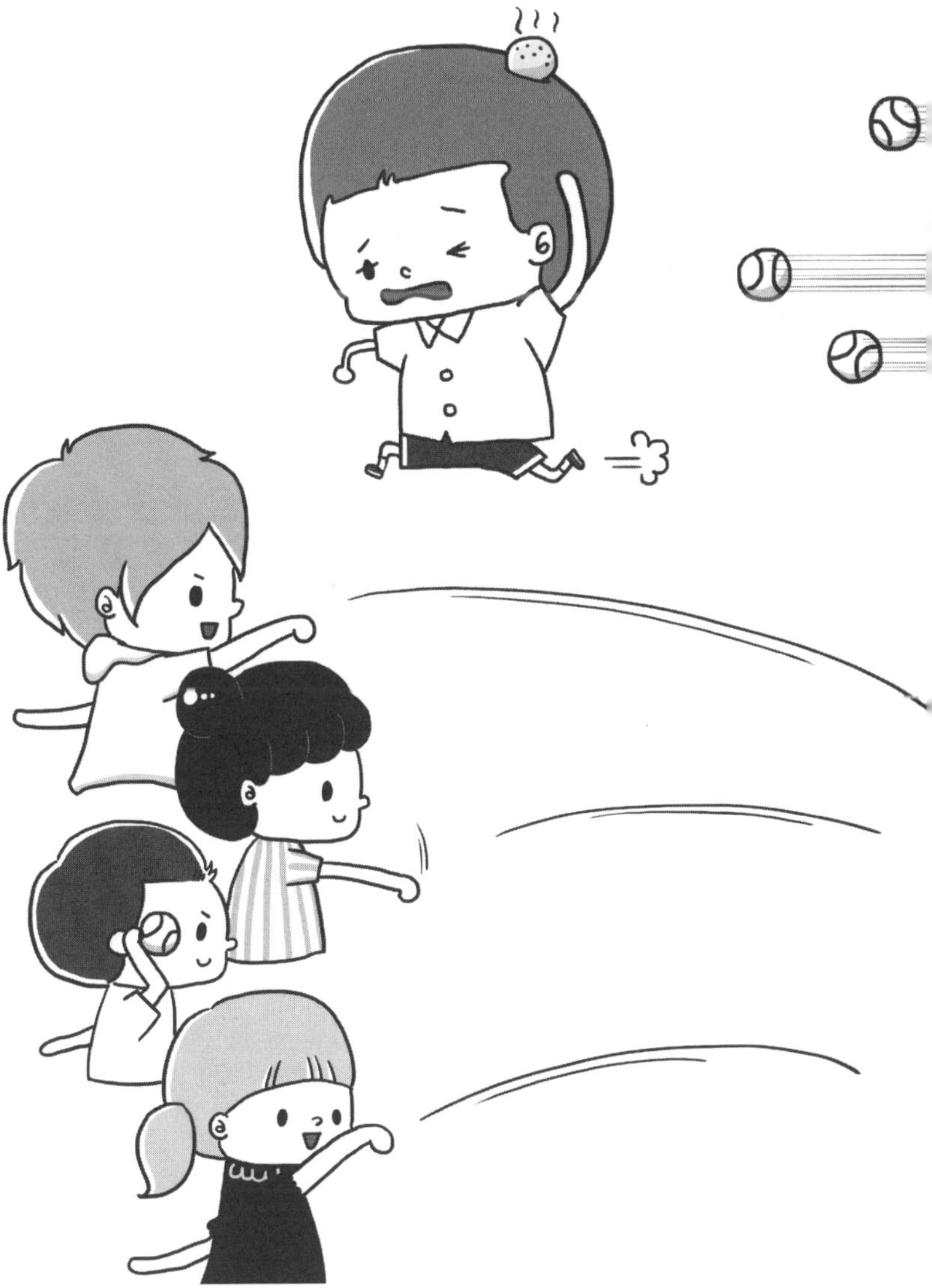

キン太《た》は、
あんなに
熱《あつ》くなるほど、
バニラアイスが
好《す》きなんだ
ポン

Q9 女子と仲《なか》よくしていると、からかわれるんだけど……。

でさ～
ほんとー!?
おまえら、仲《なか》よしだなーー!
つき合ってんのか?
キン太《た》! そんなんじゃないよ!
赤くなった～
そうよ! へんなこと言うの、やめてくれる?
ふんっ、おれはおじゃまみたいだな!
……
プンプン

ヒロくんのもやもや
これから、どうしたらいいんだよ！
からかわれるの、すごくいやだ
ハナちゃんと話さないほうがいい？
からかわれると、いやだ。みんな見てるし。
ハナちゃんもいやだったはず。だって、キン太《た》におこってたもの。
これからもハナちゃんと話す？
からかうほうがおかしいんだ！気にせずに、これからもハナちゃんと仲《なか》よくするよ。
あーあ……またやっちゃった……。
ふむ。たしかに、からかわれるのは、いい気分じゃないの。しかし……
おみくじ
おみくじ
ガシャ
ガシャ

知者《ちしゃ》は惑《まど》わず、仁者《じんしゃ》は憂《うれ》えず、勇者《ゆうしゃ》はおそれず。

『論語《ろんご》』子《し》罕《かん》第《だい》九

◆意味《いみ》
知者《ちしゃ》は判断《はんだん》に迷《まよ》う事《こと》はない。仁者《じんしゃ》は悩《なや》む事《こと》はない。勇者《ゆうしゃ》は恐《おそ》れる事《こと》はない。

自分が仲《なか》よくしたいなら、別《べつ》に気にしなくていいんじゃ。からかわれたことを、気にするのはちょっとカッコ悪《わる》いかもしれんぞ。
気持《きも》ちはわかるがのう。

からかわれても、気にしない！

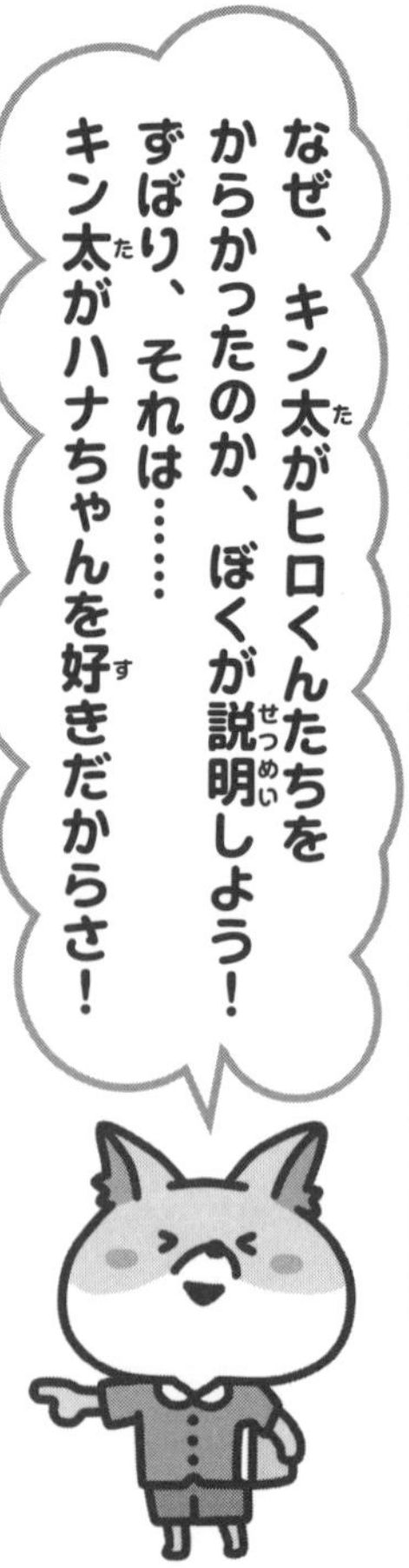

なぜ、キン太《た》がヒロくんたちをからかったのか、ぼくが説明《せつめい》しよう！ずばり、それは……キン太《た》がハナちゃんを好《す》きだからさ！

いっちーによる、クラスの仲《なか》よし関係《かんけい》

ハナちゃん
なかよし
ヒロくん
友だち
友だち
ハナちゃんと仲《なか》よくなりたい!
キン太《た》
ヒロくんにやきもち…かも?

ほう、
今回は
いっちーくんが
答えてくれる
のじゃな。

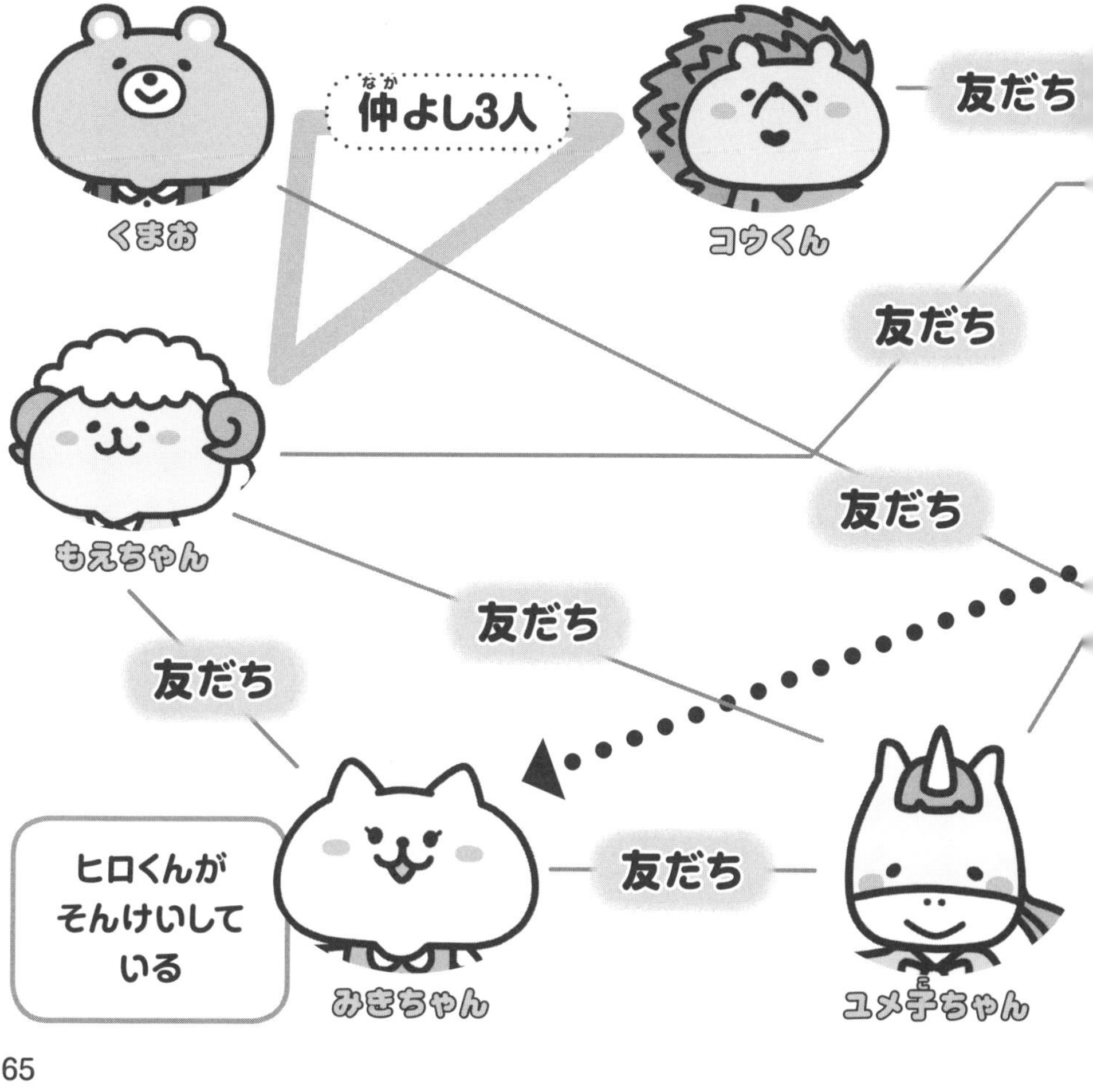
仲《なか》よし3人
くまお
コウくん
友だち
友だち
もえちゃん
友だち
友だち
友だち
ヒロくんが
そんけいして
いる
みきちゃん
友だち
ユメ子《こ》ちゃん

こんな行動《こうどう》は、気にするな！

男の子と女の子が楽しそうに話してると、まわりにはこんな行動《こうどう》をとる人もいるよ。気にしないことが一番！
でもね、もしも、こんなことをされて、本当にいやなときは「やめて」と、はっきり言って、
いやな行動《こうどう》はやめてもらおう！

やきもちをやく
仲《なか》のいい二人をからかう。
ヒューヒュー
二人が仲《なか》がいいと言いふらす。
あらら仲《なか》がいいぜ！
注目《ちゅうもく》されたい
話をしているとわりこんでくる。
なになに？

話題に
したい
わざと相手《あいて》に関係《かんけい》した話をする。
〇〇がさ～
めいわくじゃが、ついつい からかいたくなるのもわかるの～。わしにも心あたりが……。ふぉふぉふぉ。
えー⁉ 先生も⁉
近《ちか》くで大きな声を出したり、目立つ行動《こうどう》をとったりする。
ひゃっひゃっ
よく見たら風船《ふうせん》じゃないか。風船《ふうせん》みたいにふわふわな行動《こうどう》ならこわくないぞ。やっつけちゃえ！

10 Q 好《す》きな子いないし、恋《こい》バナって苦手《にがて》。これって変《へん》？

ヒロくんってかっこいいし、ステキだよね～
やさしそうだよね～
そうかなー？
ヒロくんってハナちゃんと、つき合ってるのかな？
う～ん、仲《なか》よしだけど、たぶんちがうと思うよ
ほんと!?
わ～い！よかった～！
よかったねー
……
そういえば、ユメ子《こ》ちゃんはだれが好《す》きなのー？
だれにも言わないから教えて！
今は特《とく》にだれも……
こういうの苦手《にがて》…

ユメ子《こ》ちゃんのもやもや

わたしだけなのかな？
恋《こい》バナしたいって、思わない……
恋《こい》バナ、苦手《にがて》って変《へん》？
みんな友だちだし、みんなが好《す》き。
恋《こい》バナ、楽しそうにしてるから、入らないとだめなのかな？
恋《こい》バナが苦手《にがて》でもいい？
今は好《す》きな子はいないし、特《とく》に話すことがない。
興味《きょうみ》がないのに、無理《むり》に話すのもおかしい気がする。
恋《こい》バナ、ふむふむ。なつかしいの～
おみくじ
おみくじ
ガシャ
ガシャ

歳《とし》寒《さむ》くして、然《しか》る後《のち》に松柏《しょうはく》のしぼむに後《おく》るることを知《し》る。

『論語《ろんご》』子《し》罕《かん》第《だい》九

◆意味《いみ》
寒《さむ》い季節《きせつ》になってから、はじめて松《まつ》やひのきが枯《か》れずに残《のこ》っていることがわかる。

好《す》きな人がいなくても、別《べつ》に変《へん》じゃないぞ。それにもしかしたら、ただ気づいていないだけで、きみの好《す》きな人はすでに近《ちか》くにいるかもしれんぞ。

恋《こい》バナぎらいは、変《へん》ではない！

宣言《せんげん》します！
変《へん》ではありません
Animal
また、きみか！この手の話では、活やくするの～。
ポン

恋《こい》バナ好《す》きにきいてみた！

どうして、恋《こい》バナするの？

うーん。
好《す》きな人がいるから、
その人の話を
だれかに
きいてもらいたいって
気《き》持《も》ちが
強いのかも！

カリンちゃん

もちろん、
楽しいから！
それにひみつを
交かんしてる
みたいで、
ドキドキするし♪

ぽん子《こ》ちゃん

話題《わだい》に
こまらないし、
もり上がるからよ。
男子《だんし》の意外《いがい》な
一面《めん》を知ることも
できるし。

りえちゃん

みんながどんな子に
恋《こい》してるのか、
それに興味《きょうみ》が
あるからよ。
情報収集《じょうほうしゅうしゅう》
みたいなものね。

みきちゃん

なるほど、
恋《こい》バナをしているのは
そういうことなんだ！
ちょっと
楽しそうかも!?

恋《こい》バナと
いっても
いろいろ
じゃな。

恋《こい》する気《き》持《も》ちは大切。だから、恋《こい》バナは人気があるんだ！

人を見て、すてきな人だなと思ったり、それがきっかけで恋《こい》したりすることは、とても大切なことだよ。

☆昔《むかし》の人も恋《こい》の話を たくさん残《のこ》しているよ

百人一首《ひゃくにんいっしゅ》を知っているかな？ 百人が作った短歌《たんか》を集《あつ》めたもので、中には恋《こい》する気《き》持《も》ちを表《あらわ》したものがたくさんあるんだ。

> **君《きみ》がため　惜《お》しからざりし**
> **命《いのち》さへ　長《なが》くもがなと**
> **思《おも》ひけるかな**

平安時代中期《へいあんじだいちゅうき》の歌人《かじん》、藤原義孝《ふじわらよしたか》がよんだ歌。「あなたのためなら、死《し》んでもいいと思っていました。でも、想《おも》いが伝《つた》わった今では少しでも長くいっしょにいたいと思うようになりました。」という意味《いみ》がこめられているんだよ。

ロマンチックな短歌《たんか》があったんだね～

☆人気の歌も恋《こい》バナ みたいなものかも

ふだん口ずさんでいる歌にも、恋《こい》に関《かん》する歌詞《かし》があるかもしれないよ。

☆映画《えいが》やドラマ、マンガ にも恋《こい》の話が多い

映画《えいが》をはじめ、ドラマやアニメには、恋《こい》がテーマになっているものが多いよね。

恋《こい》にはあこがれもあるのかも。

昔《むかし》から、すてきな恋愛映画《れんあいえいが》があるのね

でもね、実《じつ》は……恋《こい》する気《き》持《も》ちって、こんなにいろいろあるんだ!

学校で見た男子に一目《ひとめ》ぼれしちゃったり

楽器《がっき》をひくことに夢中《むちゅう》になったり

ぬいぐるみやキャラクターが大好《だいす》きになることも

いろいろなものに人は恋《こい》をするんじゃ。わしも昔《むかし》は、本に恋《こい》していたもんじゃよ

★大事《だいじ》にしよう! ときめく気《き》持《も》ち

あっ、ゴミ……
あ、ありがとう!
キュン…

ふだん、たいして気にとめてなくても、心ときめくときってあるもの。そんな気《き》持《も》ちを大切にすると楽しいよ。

11 3人で仲《なか》よくするのって、むずかしくない？

ハナちゃん！みきちゃんと3人で遊《あそ》ぶのあしただね！
え!? う、うん
あれ？みきちゃんだけ、さそったのに…
どうしてもえちゃんをさそったんだろ わたしと二人じゃイヤだったのかな…
楽しみだね～
うん……
もえちゃんのことは大好《だいす》きなんだけど
次《つぎ》の日
クレープ食べよっか
いいね！
3人ってなんかやりづらい…
もやもや

ハナちゃんのもやもや

3人ってなんだか、むずかしいよ

人数が多いほうがいいかもしれないけど、3人って……

3人がむずかしいって思うのは……

わたしだけなの？

みきちゃんが、もえちゃんを知らないうちにさそってたことがショックなのかも。

ただの考えすぎかな？

二人にいっしょに話しかけるのってむずかしいんだもん。

もえちゃんも好《す》きだけど、3人はむずかしいから、二人がよかったんだ……。それってダメなこと？

みきちゃんは二人きりがいやだったのかな!?

わしには、わからん。おみくじ……えいっ！

我《われ》三人《にん》行《おこな》えば、必《かなら》ず我《わ》が師《し》を得《う》。

『論語《ろんご》』述《じゅつ》而《じ》第《だい》七

◆意味《いみ》
自分以外《いがい》に二人の人物《じんぶつ》がいたならば私《わたし》は必《かなら》ず師《し》とすべき人を見出せる。善《よ》い人の良《よ》いところを見習《みなら》い、善《よ》くない人の悪《わる》いところを自分にあてはめて反省《はんせい》する。

3人いると、二人も自分のお手本になる人ができる。そう思えばうまくやっていけるんじゃ。
きき役《やく》も大事《だいじ》な役目《やくめ》。

こんなとき、3人でつき合うのはむずかしい

3人が同時に話すことはできないよね。だから、二人が話せば、一人はきき役《やく》になるよ。

すわったりならんだりするときは、二人と一人に分かれることが多い。

3人でいるとき、ときどき思ってしまうことって？

話に入りたいけど、
どうやって入ろう。
聞いてるだけだと、
二人からは、
つまらなそうって
思われちゃうかも……。
二人で
話してる感《かん》じに
なっちゃった……。
どうしよう。
どうしよう！
3人で話せる内容《ないよう》に
変《か》えなきゃ！

みんな
それぞれ、
考えている
ようじゃ。

ハア……
何か
すごく
つかれる
かも……
二人の
ほうが
楽なの
かな……

でも、3人でいることで、より楽しくできることもある

☆けんかになりにくい

それ、ちがうよ
そんなことないよ
それ、どっちも正解《せいかい》だよ〜!

意見《いけん》が分かれても、けんかになりにくい。

☆友だちの別《べつ》の面《めん》が見えやすい

いただきます
ごちそうさま〜
はや!!
Aちゃんそんな早食いだったの?

二人だと、どちらかに合わせるけど、3人だと自分らしさを出しやすいかも。

孔子《こうし》も二人から学ぶ気《き》持《も》ちを持《も》てば、うまくつき合えるといっておるのでは?
目玉焼《めだまや》きには絶対《ぜったい》ケチャップだよ
ふむふむ ぼくはみんな塩《しお》コショウだと思っている
ケチャップもいいけど、ぼくは最近《さいきん》ソースだね

☆三人よれば文殊《もんじゅ》の知恵《ちえ》

〝文殊《もんじゅ》の知恵《ちえ》〟とは、すぐれてよい知恵《ちえ》や、すばらしい考えのこと。知恵《ちえ》をあらわす文殊菩薩《もんじゅぼさつ》が由来《ゆらい》と言われているよ。三人で集《あつ》まって相談《そうだん》すれば、すばらしい知恵《ちえ》がうかぶ、という意味《いみ》だよ。

3人ってすごいんだね！

☆三本の矢《や》

昔《むかし》、毛利元就《もうりもとなり》という武将《ぶしょう》がいて、三人の息子《むすこ》に矢《や》を折《お》らせてみたんだ。一本では折《お》れるけれど、二本まとめると折《お》れないことから、三人の協力《きょうりょく》の大切さを教えたんだ。

そんな伝説《でんせつ》が残《のこ》っているよ。また、似《に》たような話は、世界《せかい》各地《かくち》にあるんだ。

☆三権分立《さんけんぶんりつ》

日本では、国会《こっかい》と内閣《ないかく》と裁判所《さいばんしょ》が、それぞれの力を持《も》っているよ。

国会が法律《ほうりつ》を作り、内閣《ないかく》が実行《じっこう》する。裁判所《さいばんしょ》はそれが正しいかどうか見極《みきわ》めるんだ。これは三権分立《さんけんぶんりつ》といって、一か所《しょ》に力を集中《しゅうちゅう》させず、バランスのとれた政治《せいじ》を行うすぐれた方法《ほうほう》だよ。

そっか。3人ってむずかしい！と思っているの、わたしだけじゃないんだ……。

じゃあ、気楽につき合おう！いい面《めん》もあるし！

12 ひみつって言われたのに、うっかり話しちゃった！

わたし、世界中《せかいじゅう》の言葉《ことば》話せるようになりたい！そして、家をペンションにして、世界中《せかいじゅう》の人と仲《なか》よくなりたいの！

へーー！ユメ子《こ》ちゃんすごーい！

ひみつだよ！

うん！

数日後
オレぜったいサッカー選手《せんしゅ》になりたいぜ
ぼくは先生かな～

ユメ子《こ》ちゃんは？

えっわたし？

わたしはその……別《べつ》に……

ユメちゃんは、家をペンションにして世界《せかい》の人と仲《なか》よくなるんだよ！

？

あっ
しまった！ひみつだった……

ハナちゃんのもやもや

そういえば、ひみつって言って……

でも、ひみつにしなくてもいいすてきな夢《ゆめ》だったし……

言ったらダメだよね……。

約束《やくそく》したのに、やぶっちゃった。ユメ子《こ》ちゃん、おこったよね。

だれも知らなかったんだから、本当にひみつだったんだ……。

いい夢《ゆめ》だし、いいんじゃないの？

すてきな夢《ゆめ》だもん、言ってもいい気がしたの。

でも、どうしてユメ子《こ》ちゃんはひみつって言ったのかな？

わしのひみつは、本だなのうらにへそくりを……は！
ポン
ひみつじゃよ

過《あやま》ちて改《あらた》めざる、これを過《あやま》ちという。

『論語《ろんご》』衛霊公第《えいれいこうだい》十五

◆意味《いみ》
人は誰《だれ》でも過《あやま》ちを犯《おか》すものだが、過《あやま》ちを犯《おか》した後に、反省《はんせい》しないことが、本当の過《あやま》ちである。

まず、あやまろう。それが大事《だいじ》なこと。そして、そのあと、どうしてひみつって言われていたのか、友だちの立場に立って考えてみるんじゃ。
約束《やくそく》だからのう。

約束《やくそく》をやぶったことについて、何はともあれ、まず、あやまろう

ごめんね、ユメ子《こ》ちゃん
ひみつだったのに……
本当にごめんなさい
うん、わかった
言っちゃったものは、しょうがないもんね

なぜ、ひみつと言ったのかな？　考えてみよう

ひみつの話は、
あなただけへの
プレゼント。

あなたが、みんなにも
知らせたほうが
よいと思っても
相手《あいて》はそう
思っていないかも。

まずは、そのひみつを、
あなた一人で、
大切に受《う》けとろう。

ひみつとは？

★みんなには、知られたくないこと

○子ちゃんは△△なんだって…
へ〜意外《いがい》
そんなの絶対《ぜったい》にいや！

★仲《なか》のよい人になら、知っておいてほしいこと

でも信《しん》じられる友だちには話したい。
あのね実《じつ》は…

人はだれでも、安心《あんしん》できる人になら、心の中にあるひみつを知ってほしいときがあるよ。
へ〜そうなんだ。A《エー》子の気持《きも》ち、わかるよ。
ほっ

★だから、相手《あいて》を信頼《しんらい》しているというしるしにもなること。

でも、気をつけて

★こんなひみつは、いやなひみつだ！

あいつ、けっこうずるいんだぜ！でも、これひみつだぜ。
……

「ひみつ」にすることによって、悪口《わるぐち》を言う。

ねぇねぇ、○○ちゃんと□□くん…どっちがきらい？絶対《ぜったい》に言わないから教えてよ。

お前にだけは特別《とくべつ》に教える！親友だしな！

うそを言ったり、恩《おん》をきせたりする。

「ひみつ」という言葉《ことば》を、便利《べんり》だと思って、かんたんに使《つか》ってはだめ。本当に大切なときに使《つか》うのじゃよ。

13 親切にすると、ぶりっ子と言われそうで、できない……。

ハナちゃんのもやもや

悪《わる》いことは、していないのに……

なんでいろいろ気になるんだろう……

親切って

するべきだと思う

人の手助《てだす》けになることなんだから、進《すす》んでやるべき。

よろこばれること。

正直《しょうじき》照《て》れくさい

よろこばれるためにしていると思われるかも……。

ほめられるのは、うれしい。でも、お礼《れい》を言われるのは、はずかしい。

わしぐらいになると、ぶりっ子と思われることもなくなるの

気楽じゃ〜

義《ぎ》を見《み》てせざるは、勇《ゆう》無《な》きなり。

『論語《ろんご》』為政第《いせいだい》二

◆意味《いみ》
やるべきことを目の前にしながらやらないのは、勇気《ゆうき》がない。

だれかに何かを言われそうだからって、ちゃんと親切ができないのは、きみ自身《じしん》の問題《もんだい》。正しい、やったほうがいいと思うことは、勇気《ゆうき》を出してすべし!
ためらわずにやろう。

親切は、すなおな心でするもの

親切は、その人のためにしてあげたいという、すなおな心でするもの。人にどう思われるか、なんてことはどうでもいいことなんだよ。

ヒロくんはいい子ぶりっ子と思われたらどうしよう~とか思わないの?
いい子ぶりっこ? そんなの考えたこともなかったなぁ~
あれ!? もしかして考えてるわたしのほうがおかしいのかな?
いい子ぶりっ子と思われたくない? じゃあ、自分には親切な人を見ていい子ぶりっ子だと思う気持《きも》ちがあるのかな?

☆ぶりっ子と思われたって、いいんじゃない？

ぶりっ子と思う人には、思わせておこう。どうってことないよ。

☆お礼《れい》を言われたら、元気に答えよう

もじもじせず、元気に答えればはずかしくなくなるよ。

☆親切な人を見習《みなら》おう

親切な行いを見たら、その人のことをぶりっ子と思わず、「すごいな」って見習《みなら》おう。

正しいと思ったことを、どうどうとやれるって、すごい！

親切にかぎらず、正しいと思ったことをちゃんとできる人ってすごい！　どうしたら、なれるかな？

もうすぐ長い休みに入りますが…
でさ～
またキン太《た》たち、おしゃべりしてるなー
でも……
ほんと!?
二人とも校長先生の話、ちゃんときこうよ！

お〜
くまお、
先生
みたい
だな〜
キ
って思わ
れそう
だしな〜
ワハハハ

そこ！
静《しず》かに！
ごめんなさい

うむ、
こういう
ときもある。
次《つぎ》のページを
見て
みるんじゃ！

きみにさずける"勇気玉《ゆうきだま》"

おぼえておこう。勇気《ゆうき》が出て、はずかしさがふきとぶよ。

直感《ちょっかん》は正しい

まず最初《さいしょ》に思ったことが正しい。親切にしたい、手助《てだす》けしたい、と直感《ちょっかん》で思ったら、自信《じしん》を持《も》って直感《ちょっかん》にしたがおう。

すぐにやる

考えこんだりためらったりしていると、勇気《ゆうき》はしぼんでくる。すぐにやろう。

笑顔《えがお》になる

顔が引きつっていると、勇気《ゆうき》が出ない。ほっぺをつまんで上に引き上げてでも笑顔《えがお》になると、不思議《ふしぎ》と勇気《ゆうき》が出るものだよ。

親切にしたい、手を貸《か》したいと思ったら、その自分の心を優先《ゆうせん》させよう！

自分が思ったことを勇気《ゆうき》を持《も》ってやるんじゃよ！

知ってるかな？

ことわざ
「情《なさ》けは人のためならず」

だれかのために行動《こうどう》したことや発言《はつげん》したことも
それが、めぐりめぐってまた自分のためになる、
よい報《むく》いが来る、という意味《いみ》。
自分にとっても大事《だいじ》なことなんだ。

14 Q

友だちの言い方がきつい……。ときどき、グサッとくるよ。

二人は今日もあつあつだな～
キン太《た》ーーー！
ハハハ
見てたわよ！
ム
ハナちゃんのこと好《す》きだからって、イジワルするのやめなさいよ！
ほんと子どもね！
グサッ
うう…

キン太《た》のもやもや
言い方がきついぜ……
おれだって、きずつくよ
……
グサッときたのは、なぜ？
本当のことだけど、面《めん》と向《む》かって言われたから。
オレだって、悪気《わるぎ》があるわけじゃ……。
だって、オレだってハナと仲《なか》よくしたいんだよ……。でも、どうしたら……。
どうしたらいいか、オレだってわからない！
キン太《た》が悪《わる》いのは、本当のことじゃない？
意外《いがい》とキン太《た》もナイーブなんじゃの。わしといっしょじゃ！
おみくじ
おみくじ
ガシャ
ガシャ

辞《じ》は達《たつ》するのみ。

『論語《ろんご》』衛《えい》霊《れい》公《こう》第《だい》十五

◆意味《いみ》
言葉《ことば》は意味《いみ》を伝《つた》えることが大切。

思ったことを
きちんと
言ってくれるほうが、
実《じつ》は
ありがたいんじゃよ。
わしぐらいになると、言われにくいんじゃ。

思っていることを言われないのも、気になるよ

例《たと》えば…
94ページの2コマ目にもどる。
ハハハ
キン太《た》…あんなことしてたら、ハナちゃんにきらわれちゃうのに…
なっ、なんだよ…
別《べつ》に…
わたしには、関係《かんけい》ないわね
ほらね、何も言われないのもいやじゃない?
た、たしかに……。

自分が言う側《がわ》なら？

もしかしたら気づかずに言っているのかも

今回のことのように、実《じつ》はきずつけようと思っていなくても、グサッとくることがあるかもしれない。ふだんから、ちょっとしたことに気をつけることも大切じゃ。

☆思ったことをそのまま言った場合

キン太《た》って、声が大きいし、すぐ人をからかって本当に子どもっぽい！

☆ポイントを意識《いしき》すると

キン太《た》がいると明るくて楽しいから、別《べつ》に人をからかって注目《ちゅうもく》を集《あつ》めなくてもいいんじゃない？

本当だ、グサッとこなくなるかも

それにちょっと反省《はんせい》する気分にもなるね

グサッとこない、言い方のポイント

よいところも言おう

「明るくて楽しい」と、キン太《た》のよいところを言っているよ。

相手《あいて》のことを認《みと》めよう

「キン太《た》がいると」と、いたほうがよいということを伝《つた》えている。

相手《あいて》を元気にさせよう

「いいんじゃない？」という言い方は、相手《あいて》をがんばる気にさせる。

好《す》き好《す》きズバズバなら、きずつかない

★ズバズバ言うなら

相手《あいて》に対《たい》して好意《こうい》を持《も》っていれば、ズバズバ言っても相手《あいて》をきずつけない。相手《あいて》のことが、本当に大切で、よくなってほしいと思うなら、それは相手《あいて》にも伝《つた》わるよ。

★ズバズバ言われたら

きみにズバッと言ったのは、きみの大事《だいじ》な友だちかな？　どんな気持《きも》ちで言ったのかな？　それを考えたら、きずつかなくてもいいかもしれないよ。

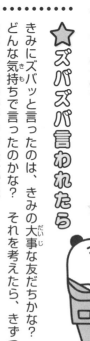

わかったわ、わたしも気をつけるわね

ぐさっときて、くよくよしたら…
きみの中の〝くよくよくん〟をはげまそう

ぐさっとくる言葉《ことば》…。
仲《なか》のいい友だちに
言われるだけじゃ
ないよね。
それに友だちだとしても、
やっぱり、ぐさっときて
くよくよしちゃう
こともある。

**そんなときは、
きみの中にいる
くよくよくんと
話をしてみよう。**

きみが友だちを
はげますように。

「だいじょうぶだよ。」

「気にしなくていいよ。」

ってね。

ほら、
くよくよくんが
立ち直れば、
きみも元気に
なるでしょ！

15 友だちをすごくおこっちゃった……。どうしよう。

あ！ふでばこ、わすれちゃった！
えんぴつ、貸《か》してあげるよ
ありがと
次《つぎ》の日
定規《じょうぎ》わすれちゃった
はい
その次《つぎ》の日
ハサミわすれちゃった、ごめんね
……
またまたわすれちゃったーーーー！
ちょっと！わすれすぎだよ！

くまおのもやもや
でも、ヒロくんが悪《わる》いんだよね……
あんなにおこるつもりなかったのに……
おこるのは、仕方《しかた》がない？
だって、ヒロは毎日わすれもの多すぎだよ。いつでも借《か》りればいいって思ってない？
借《か》りるの当たり前って思ってたら、だれでも頭にくるよ。
おこらなくてもよかった？
おこらずに言うことができたかも……。
友だちにあんなにおこる必要《ひつよう》なかったかも。
ヒロはわすれものが、多すぎじゃな
おみくじ
おみくじ
ガシャ
ガシャ
おこられても、仕方《しかた》がないと思うが……さてさて主《しゅ》は怒《いか》りを以《もっ》て師《し》を興《おこ》すべからず、将《しょう》はいきどおりを以《もっ》て戦《たたか》いを致《いた》すべからず。

『孫子《そんし》』火攻篇《かこうへん》

◆意味《いみ》
王も将軍《しょうぐん》も怒《いか》りにまかせて戦争《せんそう》を起《お》こしてはならない。

おこることも必要《ひつよう》じゃ。じゃが、カッときておこったら、取《と》り返《かえ》しがつかないこともある。まずは深呼吸《しんこきゅう》をしてみよう。

おこりそうになったら、まず深呼吸《しんこきゅう》

ごめ～ん ちこくしちゃった～
てへへへ….
いっつも いっつも ちこく ばっかり！
ではなくて…
スー
?
深呼吸《しんこきゅう》

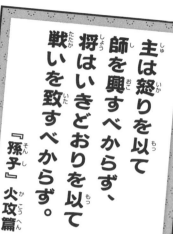

なぜ、おこりそうになったのか考えよう

一時間も一人でいて、つまらなかった。
いつも約束《やくそく》を守《まも》らない。
笑《わら》ってあやまられたのが、いやだった。
自分が約束《やくそく》をまちがえたのかもと思って、心配《しんぱい》した。

おこりそうになった原因《げんいん》を言葉《ことば》で伝《つた》えよう

一人でつまらなかったし、またちこくかと思ってがっかりした。
笑《わら》ってあやまられたのが、不愉快《ふゆかい》だ。
ごめんね…今度《こんど》から気をつけるよ。

いかりの原因《げんいん》をさぐって、いかりをやっつけよう！

ーン！
原因《げんいん》を見つけて伝《つた》えたり、解消《かいしょう》すれば、おこらなくてすむかもしれんぞ！
こまる
あせり

ばくは
ドー
いかり
悲《かな》しみ
がっかり
くやしい
イライラ

それでも「いかり」がおさまらないときのために…

自分と向《む》き合って、自分自身《じしん》を知っておこう

暴力《ぼうりょく》は、いけないことだね。相手《あいて》を強くおこるのも、「ことばの暴力《ぼうりょく》」。たとえ相手《あいて》が悪《わる》くても、暴力《ぼうりょく》は人間関係《かんけい》をこわしてしまうことがあるよ。おこりそうなときの自分、おこったときの自分を知って、「いかり」をおさえる練習《れんしゅう》をしておくといいよ。

ええ〜っ
ぼくは おこったとき、つい、大きな声を出してしまう…
ムカーッ
ドキドキ
ドキドキ
わたしは おこりそうになると 体が熱《あつ》くなって ドキドキしてくる。
なんだよ！
おめ〜はよ
ムカッ
！
そうか…ぼくは 相手《あいて》がおこると おこるのかも…

表《ひょう》にまとめてみよう

自分が、おこりそうなときを考えてみよう。一度《いちど》整理《せいり》して、表《ひょう》に書いて考えてみると、おこりにくくなるかもしれない。

どんなとき	おこりそうな自分の様子《ようす》	おこったときの自分
ずるい子がいたとき ➡	体が熱《あつ》くなる ➡	しゃべらなくなる
からかわれたとき ➡	ドキドキする ➡	おこった相手《あいて》をにらむ
うそをつかれたとき ➡	悲《かな》しい気分になる ➡	食よくがなくなって夕飯《ゆうはん》が食べられない
約束《やくそく》をやぶられたとき ➡	ムカムカする ➡	きみはどんなふうになるかな?

いかりがおさまったときのきっかけ

- 近くの人がふざけた
- あめをなめた
- すぐにあやまってくれた
- 深呼吸《しんこきゅう》した

笑《わら》うとイライラがおさまるみたい。おぼえたお笑《わら》いネタをいつも頭に入れておこうっと。
そしてあめも用意《ようい》しておこう。
ぼくもやってみよう!

16 とっさにうそをついちゃった！ バレなきゃいいの？

「春の女王」っていい映画《えいが》だよね～
あの映画《えいが》、大好《だいす》き！
ハナちゃんも見たでしょ？
う、うん見たよ！
面白《おもしろ》いよね～
ね～
見たって言ってしまった～！！！
本当は見てないのに！
話を合わせるために映画《えいが》を見ておこう
あれ？ハナちゃん
みきちゃん！
ビクッ

ハナちゃんのもやもや

うーん……。どうすればよかったのかな
うそをつかなければよかった。でも……
バレないようにすればよかった？
とっさにうそをついちゃった。話を合わせるためには、仕方《しかた》なかった。
バレなかったら問題《もんだい》なかった。
うそをつくべきでは、なかった？
そもそもうそをついたのが、いけなかったのかな？
話が合わなくても、本当のことを言えばなやまずにすんだかも。
そうじゃの〜。少しのうそ、これはどうすればいいかの？
おみくじ
おみくじ
ガシャ
ガシャ

まことに仁《じん》に志《こころざ》せば、悪《あ》しきこと無《な》し。

『論語《ろんご》』里仁第《りじんだい》四

◆意味《いみ》
本当に仁者《じんしゃ》であろうとしている人からは、悪《わる》いことはなくなるものだ。

どんなときも正しい行《おこな》いを心がけているものは、うそをつかない。その必要《ひつよう》もないんじゃよ。

うそが、いいはずはないのじゃ！

天の声

うそはいけない

うそをつくと、むねがいたむはず

正直《しょうじき》に生きるべし

自分でもわかっているはず

うそは、人をうらぎること

自分もうらぎることになる

やっぱり

そうだよね……

しかし！ それなのに人は、なぜうそをつく？

なぜ？

いけないのを知っていてうそをつく。うそをつくとどんなよいことがあるのだろう。

おこられないため

食べたでしょう？
食べてないよ。

よく見られたいため

なわとび、80回とべるようになったんだ。
わたしもだよ！
ほんとは50回だけど…。

得《とく》したいため

どちらがあなたのオノですか？
こっちです。
本当はちがうけど…。

心配《しんぱい》されたいとき

おなかがいたい気がする……。
大変《たいへん》！だいじょうぶかしら？

からかうとき

ワタシ、ホントウハ宇宙人《うちゅうじん》ナノダ
えっ？本当!?

そして……

相手《あいて》をきずつけたくない

どう？おいしいかな？
うん、おいしいよ！
手作り？すごくおいしい！
おいしいね！
本当はあまいもの苦手《にがて》

心配《しんぱい》させたくないとき

今日はもうだいじょうぶなのか？
はい、もうばっちりです！
ちょっとだるいけど……

自分を守《まも》るため

新しいマンガ、持《も》ってたら貸《か》してよ！
いや、まだ買ってないんだよね。
なかなか返《かえ》してくれないからなぁ…

そのほか、「話をあわせるため」などあるね。

わたしは、「真実《しんじつ》の口」じゃ。うそをついた者《もの》が、わしの口に手を入れると手がかみ切られると言われている。しかし、いまだに手をかみ切られた人はおらん。

うそはいけない。でも……仕方《しかた》がないときも、あるのかもしれん。

でも、心配《しんぱい》させたくないからとウソをつくのは絶対《ぜったい》ダメじゃ！ 相談《そうだん》しよう。

ハナちゃんの様子《ようす》が変《へん》だったから、本当は見てないのかなって思ってたよ。もり上がってたから、話を合わせてくれたんだよね
みきちゃんは、気づいてたのか。ウソついてごめんね。わかってくれて、ありがとう

17 先生に質問《しつもん》するのが、はずかしい……。

みんな、朝ごはんは食べてきたかな?
はーい
おにぎり食べたよ!
わたしはトースト
おれはカレー
カレー!?
わたしの朝ごはんは、ホットケーキ
そういえば、なんでホットケーキをパンケーキっていうのかな? パンの仲間《なかま》なの? 先生に質問《しつもん》してもいいのかな?
でも、質問《しつもん》するのってなんだか、はずかしいな～。きけないな…
もじもじ
もじもじ
ホットケーキがケーキ屋《や》さんで売ってないのは、パンの仲間《なかま》だから? でもパン屋《や》さんでもあんまり見たことないよね。あ～気になるよ～

ユメ子《こ》ちゃんのもやもや

知らないままでもいいのかな？
ききたい。でも……はずかしい！
ききたい！
きかないと、ずっともやもやしたまま。
先生ならきっと、わかりやすく教えてくれるし、ききたいよ～
はずかしい！
知らないことを笑《わら》われたら、どうする？
みんなの前だと、よけいに笑《わら》われそう……。
なんじゃ。そんなことでなやんでおるのか
おみくじ
おみくじ
ガシャ
ガシャ
どんどんきけばいいのじゃぞ～！

之《これ》をいかん、之《これ》をいかんといわざる者《もの》は、吾《われ》之《これ》をいかんともすることなきのみ。

『論語《ろんご》』衛霊公《えいれいこう》第十五

◆意見《いけん》

「どうしようか、どうしようか」と言わない者《もの》には、誰《だれ》もどうすることも出来ないのである。

わからないことは、きく。それが大切。「わからない」と伝《つた》えないと、教えるほうも何もできないもんじゃよ。

知らないでいると、もっとはずかしいことになるかも？

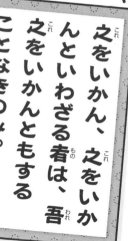

大人にこっそりきいた!!

ずっとかんちがいしていたこと。大人になって知ったこと

● エピソード 1 ●

メープルシロップとはちみつ

ホットケーキにかける、メープルシロップがはちみつの種類《しゅるい》で、ハチが集《あつ》めてくるものだと思っていたこと。「はちみつで一番好《す》きなのは、メープルシロップかな」と、好《す》きな子の前で言ってものすごく笑《わら》われたんだ……。（埼玉県《さいたまけん》・Mさん）

メープルシロップは、木の樹液《じゅえき》じゃ。ハチではなく、人間がサトウカエデとよばれる木から、とっているんじゃよ。

● エピソード 2 ●

天才と天災《てんさい》ちがい

ざゆうのめいをきかれて、「天才はわすれたころにやってくる。」と、アンケートに書いてしまったこと。天才の人というのは、とつぜん現《あらわ》れるからそういう人になれるように、がんばれ、というような意味《いみ》だと思っていた。（東京都《とうきょうと》・Tさん）

天才ではなく、天災《てんさい》のことを同じ発音《はつおん》じゃから、まちがえてしまったんじゃな。そのときにちゃんと質問《しつもん》していれば、まちがえなかったかもしれん。

● エピソード 3 ●

台風ファミリー？

ちがう？

夏になると、たくさん現《あらわ》れる台風。続《つづ》けて台風がくることを、家族《かぞく》に例《たと》えて「台風一家」と言うのだと思っていた。今回はどれがお母さん台風なのかな？ときいたら、友だちが笑《わら》いすぎて泣《な》いてしまったよ。（あにまる町・Iさん）

台風一家、たしかに意味《いみ》は通じそうじゃ。本当は台風が過《す》ぎ去《さ》ったことを言う「台風一過《たいふういっか》」が正しいんじゃが、わしも実《じつ》は……。

● エピソード 4 ●

パンケーキの由来《ゆらい》とは？

パンの仲間《なかま》だから、パンケーキって名前なんだとずーっと思っていたこと。でもケーキなのにパンって変《へん》だなと思っていたの。（三重県・Yさん）

つまり、作る道具《どうぐ》の名前がついて「パンケーキ」とよばれるようになったようじゃな。フライパンの〝パン〟なんじゃ。

はずかしい思いをみんなしておるもんじゃの〜

わからないまま、大人になると、ずっとわからないままに……

まちがっていることや知らないこと、というのは、大人になると、はじをかかせては悪《わる》いと思って、まわりの人がわかっていても教えてくれないこともある。子どものうちに知らないことやわからないことをへらしておくことも、すてきな大人になるために必要《ひつよう》なことじゃ。

例《たと》えば…

だれもがまちがいを言えないときも、あるかもしれないよ。

うさぎ、お～いし～かの山～♪って歌がさ、あるじゃないか。あの歌のとおり、うさぎはおいしくてね…

え！うさぎ〝おいし〟っていうのは、追《お》いかけたっていう意味《いみ》なのに…
「ふるさと」の歌詞《かし》のことよね？
まちがってるけど、でも言えないよ…

ふむ、そういうことなのじゃよ。
そっか、まちがいも、大人になると「まちがってる」って、なかなか教えられないんだね。

ぎもんに思ったら、すぐに調《しら》べてみよう

教えてくれる人が近《ちか》くにいなかったら、本やインターネットなどですぐに調《しら》べよう。今は調《しら》べる方法《ほうほう》がたくさんあるので、どんどん活用《かつよう》しよう。

図書館《としょかん》で本を見つけて探《さが》してみると、新たな発見《はっけん》があるかもしれない。

これはね う～んと…
どうして?

ぎもんに思ったときに、すぐだれかにきいてみることもまずは大切。

なるほど!

インターネットを使《つか》えば、解決《かいけつ》できることもあるよね。

ことわざ
「聞《き》くは一時《いっとき》のはじ 聞《き》かぬは一生《いっしょう》のはじ」

わからないことをきくのは、はずかしいかもしれないけれど、そのときだけですむ。でもきかないと、一生《いっしょう》わからないままなので、もっとはずかしいという意味《いみ》。さあ、思い切って質問《しつもん》してみよう。

わたしも勇気《ゆうき》を出してみよう!

18 きびしい先生は苦手《にがて》。それってダメ？

ピアノ教室
みきさん、前回指《し》てきした部分《ぶぶん》もよくなっていたし、すばらしい演《えん》そうでしたよ！次《つぎ》はもえさんね
そこはもっと速《はや》く！指《ゆび》の形に気をつけて！
はずむように！
その調子《ちょうし》よ！
だんだん大きく！
次回《じかい》、指《し》てきした部分《ぶぶん》をよく練習《れんしゅう》してきてね
あの先生、きびしくてわたし苦手《にがて》だな…
指示《しじ》が的確《てきかく》でわかりやすいし、わたしは好《す》きよ

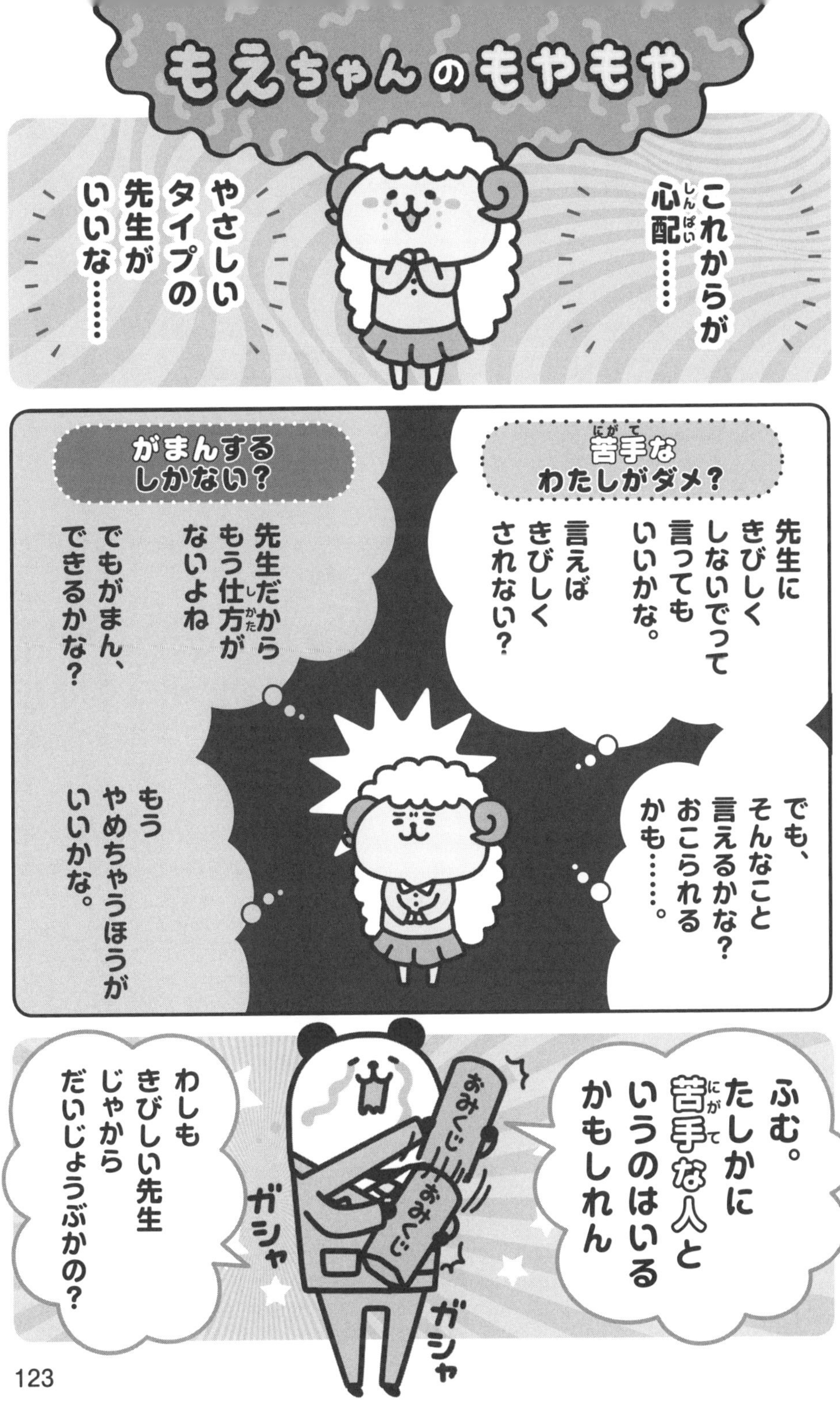
もえちゃんのもやもや
これからが心配《しんぱい》……
やさしいタイプの先生がいいな……
苦手《にがて》なわたしがダメ？
先生にきびしくしないでって言ってもいいかな。
言えばきびしくされない？
でも、そんなこと言えるかな？おこられるかも……。
がまんするしかない？
先生だからもう仕方《しかた》がないよね
でもがまん、できるかな？
もうやめちゃうほうがいいかな。
ふむ。たしかに苦手《にがて》な人というのはいるかもしれん
おみくじ
おみくじ
ガシャ
ガシャ
わしもきびしい先生じゃからだいじょうぶかの？

学《まな》んで思《おも》わざれば則《すなわ》ちくらし。思《おも》うて学《まな》ばざれば則《すなわ》ちあやうし。

『論語《ろんご》』為政第《いせいだい》二

◆意味《いみ》

学んで自分の考えにしなければ身《み》につくことはない。また、考えるだけで人から学ぼうとしなければ考えが凝《こ》り固《かた》まってしまい危険《きけん》。

苦手《にがて》だからといって、そのままにしておけば自分のためにはならない。どうして、苦手《にがて》なのか、どうしたら苦手《にがて》じゃなくなるのか、学《まな》ぼうとする気持《きも》ちや姿《し》勢《せい》が大切じゃ。

苦手《にがて》なところだけを見ずに、好《す》きになれるところをつくろう

きびしい先生でも、あとになってみるとよかったという声も、実《じつ》は、あるんだよ。

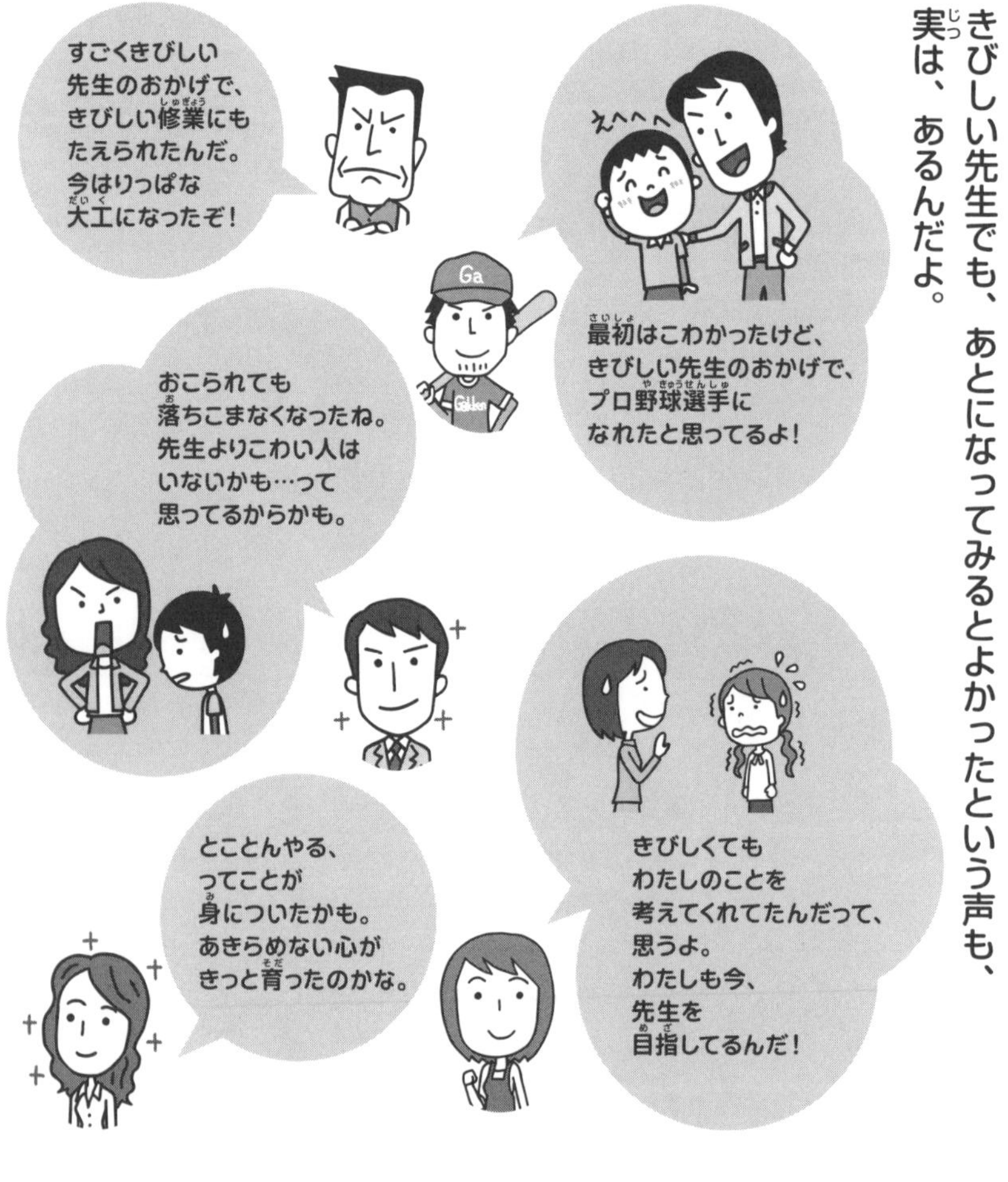
えへへへ
最初《さいしょ》はこわかったけど、きびしい先生のおかげで、プロ野球選手《やきゅうせんしゅ》になれたと思ってるよ!

すごくきびしい先生のおかげで、きびしい修業《しゅぎょう》にもたえられたんだ。今はりっぱな大工《だいく》になったぞ!

おこられても落《お》ちこまなくなったね。先生よりこわい人はいないかも…って思ってるからかも。

きびしくてもわたしのことを考えてくれてたんだって、思うよ。わたしも今、先生を目指《めざ》してるんだ!

とことんやる、ってことが身《み》についたかも。あきらめない心がきっと育《そだ》ったのかな。

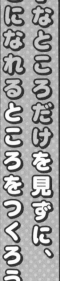

苦《にが》手《て》だったけど、好《す》きなところを見つければ……。

ピアノ
やめたいって
言おうかな
…どうしよう…
でも、ずっと
続《つづ》けてきたし…
もえの元気が
最近《さいきん》ないわね。
どうしたの
かしら？
ピアノ教室、
行きたくないの
かしら…？
なんで先生
あんなに
きびしいん
だろー…
そこ、もっと強く！
はずむように！
あれ？　先生に
言われたところ、
気をつけてひくと
なんだか
いいみたい…？
次《つぎ》のレッスン
もえさん、
すばら
しいわ！
すごくじょうず
だね！
えっ！
ほんとに？
言われたとこ
練習《れんしゅう》して
良《よ》かった！
先生のこと、
なんだか好《す》きに
なっちゃった

きびしい先生も、みんなと同じ

先生はきみたちにとって、特別《とくべつ》な大人かもしれない。だから苦手《にがて》に思うこともあるかもしれない。でも、先生だって同じように子ども時代《じだい》を過《す》ごしてきたんだから、苦手《にがて》と思っているきみの気持《きも》ちも十分わかっているんだ。きびしく見えても、いじわるしているわけではないんだ。

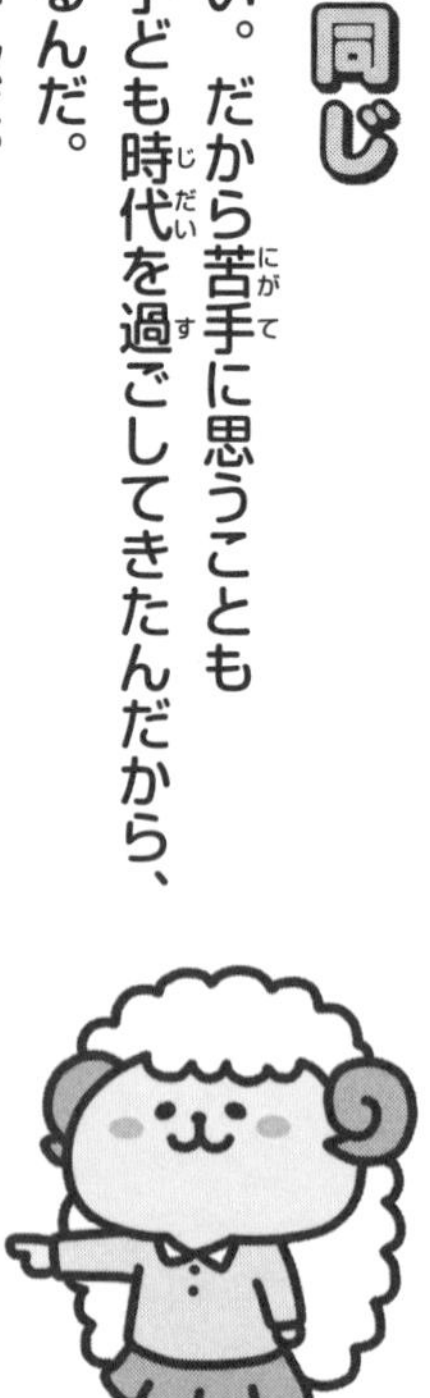

学校の外では しているかも？

生徒《せいと》とわかりあえると、うれしい

買《か》い物《もの》・せんたく・そうじなど家のこともやっている

先生の家族《かぞく》に先生がおこられることもある

先生になりたくて一生けんめい、勉強《べんきょう》したんだ

つかれて学校に行きたくないこともあるかも

きびしくても
こんなふうに過《す》ご

子どもが大好《だいす》き
家でも自分の子どもの世話《せわ》をしている
子どもからどう見られているか気にしている

先生と過《す》ごす何年間かを大切に考えて、先生からいろいろ学ぶといいと思うよ。過《す》ぎてみると、かがやいた思い出になっているはず。

わしも毎日あった漢字《かんじ》テストが本当にきらいじゃった。
でも、そのおかげで大人になっても漢字《かんじ》は得意《とくい》なもんじゃよ。

19Q 一人でいるのが好《す》きって、変《へん》なの？

いっちー 今日も 一人だ
一人で さみしく ないの かな？
も
いっちーー！ 帰ろう！ 公園で サッカー やろうぜ
ごめん、 今日は本が 読みたいから やめておくよ
いっちーって 変《か》わって るよなー
一人が 好《す》きなの かな？

いっちーのもやもや

一人でいるのが好《す》きってダメなこと？
別《べつ》に一人でいてさびしいわけじゃない
一人でいてもいいの？
過《す》ごし方はその人の自由《じゆう》だと思う。一人でいることでめいわくはかけない。
みんなでいると本が読めないよ。
みんなといつもいっしょがいい？
みんなでいるととっても楽しい。
みんなと遊《あそ》ぶと一人じゃできないことができる。
一人でいるとみんなといっしょにいたくないのかも、と思われちゃう？
わしも一人が好《す》きなんじゃがみんながほうっておいてくれんのじゃほっほっほ
おみくじ
おみくじ
ガシャ
ガシャ

礼《れい》といい、礼《れい》という、玉帛《ぎょくはく》をいわんや。楽《がく》といい、楽《がく》という、鐘《しょう》鼓《こ》を云《い》わんや。

『論語《ろんご》』陽《よう》貨《か》第《だい》十七

◆意味《いみ》
礼儀《れいぎ》を守《まも》ることや音楽を奏《かな》でることは、形《かたち》よりもその精神《せいしん》が大切である。

みんないるから楽しいときもあれば、一人が楽しいときもあるね。一人を楽しく過《す》ごせるのは、自分のことをちゃんとわかっているしるしじゃ。

わしもふだんは一人じゃ。

変《へん》じゃないよ ひとりでいられるのは、すてきなこと

自分の好《す》きなことや、自分一人の楽しみ方を知っているのは、すばらしいことだよ。

いっちー、また一人でいるなー

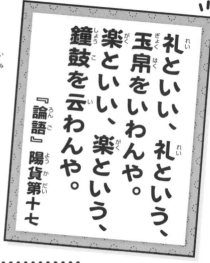

でも、みんなと遊《あそ》ぶときはちゃんと遊《あそ》ぶし
よし！ ぼくもたまには、一人で本を読むぞ！
いいね！
5分後
あきちゃった！ 遊《あそ》んでくるね
ズコー

一人になったときのおすすめ

一人でいるのは、慣《な》れないというきみ。もし、一人になったときは、こんなことをしてみよう。

☆「哲学《てつがく》」しよう

自分の考えを深《ふか》めてみよう。たとえば、自分とはどんな人間だろうとか、自分にとっていちばん大切なことは何か、とか。ふだんは見えない自分が見えてくるかも？

ぼくは正直《しょうじき》だろうか……？
正直《しょうじき》とは言えない……
それはなぜ？
考える人【ロダン作】

☆のんびりしよう

のんびりしながら、想像《そうぞう》してみよう。大人になった自分とか、友だちの○○ちゃんになった自分とか。

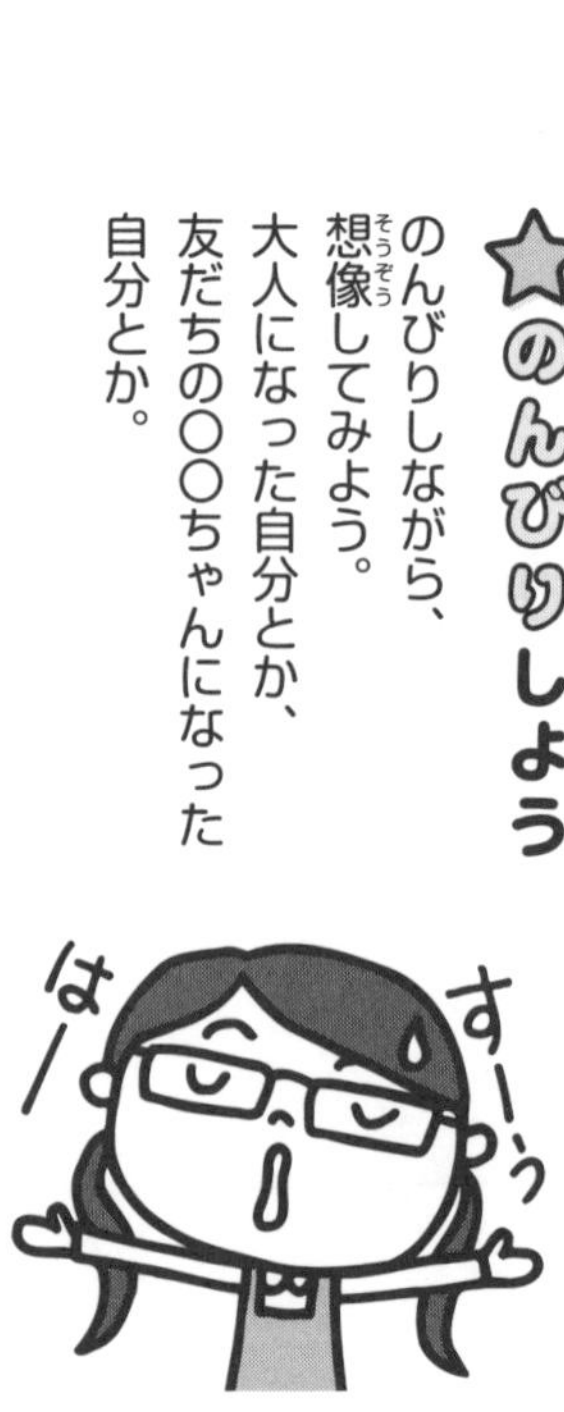
すーっ
はー

☆自分を観察《かんさつ》しよう

つめ、てのひら、足やひざこぞう。どんな特《とく》ちょうがあるかな？意外《いがい》な発見《はっけん》があるかも。

一人で過《す》ごしたら……？

どんないいことがあるんだろう。もしかしたら、こんなことがあるかも。

① やりたいことが見つかる

一人になると、友だちの意見《いけん》に左右されずに、自分の本当にやりたかったことに気づくかもしれん。

② 自分らしく過《す》ごせる

やり続《つづ》けるのもやめるのも自由《じゆう》。やりたいようにできるし、集中《しゅうちゅう》しやすい。好《す》きなことを好《す》きなだけできるのじゃな。

③ まわりのことに気づきやすい

みんなでいるときは気づかない、まわりの様子《ようす》や、生《い》き物《もの》を見つけたり、草花の様子《ようす》や変化《へんか》にも気づきやすくなるもんじゃよ。

では、みんなで過《す》ごしたときはどう変《か》わるのかな？見てみよう！ ←

そっか。こんなに一人でいると気づくことがあったんだね

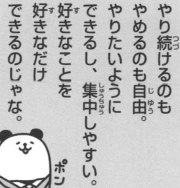

みんなでいるときのおすすめ

みんなといっしょにいるときは、どんなふうに過《す》ごすと楽しいかな？

☆話のきき役《やく》になってみよう

せっかくみんなといるのだから、ひとりではなれていてもつまらない。みんなの話すことをきいて、話に加《くわ》わってみよう。

☆友だちのよいところを見つけてみよう

話をきいていると、自分とちがうところ、よいところが見つかるよ。

☆自分のことを話してみよう

一人でいたときに考えたことなどを話してみよう。
それをきいて、みんななんて言うかな？

みんなでいっしょに過《す》ごしたら……？

みんなといっしょだと、一人ではできないことができる。
それに自分だけでは気づけない自分の姿《すがた》を見つけることもできるかもしれない。

① 新しい自分を発見《はっけん》

やさしいね、親切だね、たのもしいね……自分ではわからない自分のよいところを見つけることができるかもしれんの。

② いろいろな意見《いけん》をきける

大きな社会に出る前に、いろいろな性格《せいかく》の持《も》ち主《ぬし》がいることを知ったり、いろいろな考えがあったりすることを学べる。

ポン

③ 一人ではできないことができる

おしゃべりやサッカーなど、一人では楽しめないことができる。人と協力《きょうりょく》することを学べるのう。

そっかー！おれも一人デビューしてみよう！
うんうん、どっちもいいところがあるね。
ぼくはもう少しみんなと過《す》ごしてみようかな？

20Q

人《にん》気《き》者《もの》の友だちがうらやましい!

ヒロくんは、昨日《きのう》のすいりドラマの犯人《はんにん》わかった?
ぼくトリックはぜ～んぜんわからなかったけど、犯人《はんにん》はわかったよ!
それ、すいりできてないね
またハナとヒロが話してるな
ヒロとハナは
ヒロくん
……
ワイ ワイ
なんでヒロばっかり人気なんだ!
勉強《べんきょう》もできないし、わすれ物《もの》もするのに!
オレも人気者《にんきもの》になりたい…

キン太《た》くんのもやもや

ヒロがだれからも好《す》かれててうらやましい……

でも、そう思っている自分もいやだ

とにかくうらやましい!

オレだって、人気者《にんきもの》になりたい!

サッカーだってがんばってるし、ヒロよりわすれ物《もの》少ないよ。

なんでヒロが人気なのかわからない!

うらやましいって思うのは変《へん》?

人気者《にんきもの》には、なかなかなれない。

ヒロが人気者《にんきもの》なのはなんとなくわかってる。

うらやましいなんて、思うのはダメなのかも。

人をうらやましいと思うのは、とってもいいことでもあるぞ!

克《こく》・伐《ばつ》・怨《えん》・欲《よく》、行《おこな》われざる、以《もっ》て仁《じん》と為《な》すべし。以《もっ》て難《かた》しと為《な》すべし。仁《じん》は則《すなわ》ち吾《われ》知《し》らざるなり。

『論語《ろんご》』憲《けん》問《もん》第《だい》十《じゅう》四《よん》

◆意味《いみ》
競争心《きょうそうしん》、自慢《じまん》、ねたみ、欲望《よくぼう》を自制《じせい》できたら仁者《じんしゃ》とよべるのか。とても難《むずか》しいことだ、それができたとしても仁者《じんしゃ》とよべるかはわからない。

うらやましい、と思う気持《きも》ちは、だれもが持《も》っているもの。それに決《けっ》して悪《わる》いことではない。自分のできることをやっていれば、うらやましがられる人になれるかもしれんぞ。

うらやましいが、力に！

うらやましがるのは、いいこと

うらやましがり、自分もそうなりたいという気持《きも》ちはとっても大切。その気持《きも》ちがあるからがんばれるよ。

あこがれやうらやましいと思うことが…
将来《しょうらい》の夢《ゆめ》につながるかもしれない。

あこがれやうらやましいと思うことが…
荷物《にもつ》を届《とど》けてくれる飛《と》ぶ道具《どうぐ》
荷物《にもつ》をはこぶドローン
持《も》ち歩《ある》ける電話
携帯電話《けいたいでんわ》スマホ
技術《ぎじゅつ》の進化《しんか》につながっているのかもしれない。

「あこがれ」の気持《きも》ちが人類《じんるい》を進歩《しんぽ》させた

科学《かがく》や文化が発展《はってん》したのは、あこがれの気持《きも》ちが、よりよいものを作りたいという思いや、競争《きょうそう》する、チャレンジする気持《きも》ちにつながったからだよ。

☆道具《どうぐ》の進化《しんか》

便利《べんり》なくらしにあこがれる気持《きも》ちが、新しい道具《どうぐ》を生んだかもしれない。

☆技術《ぎじゅつ》の工夫《くふう》

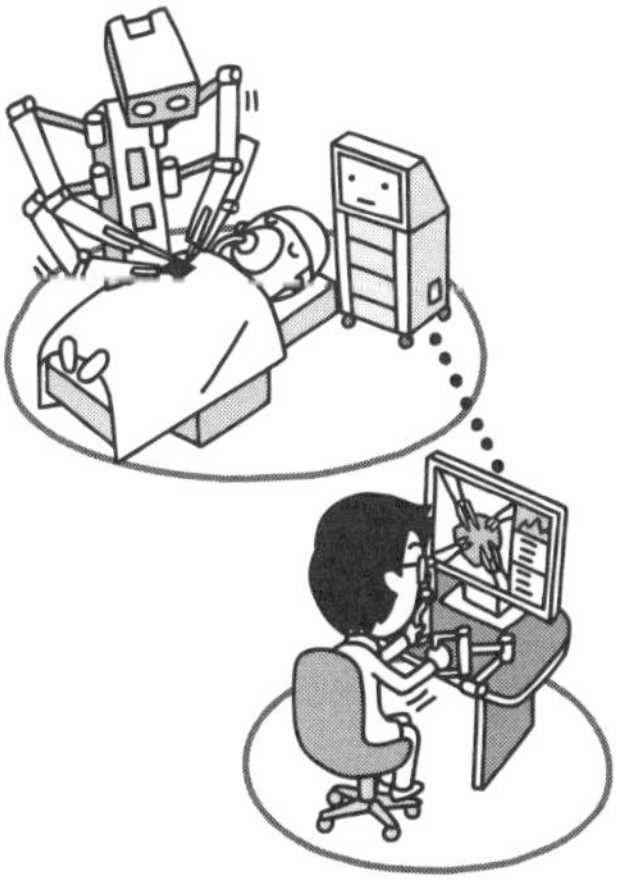

今まではできなかった高度《こうど》なもの、速《はや》いもの、強いものなど、さらにすぐれたものを作ろうとしているよ。

☆新しい発想《はっそう》

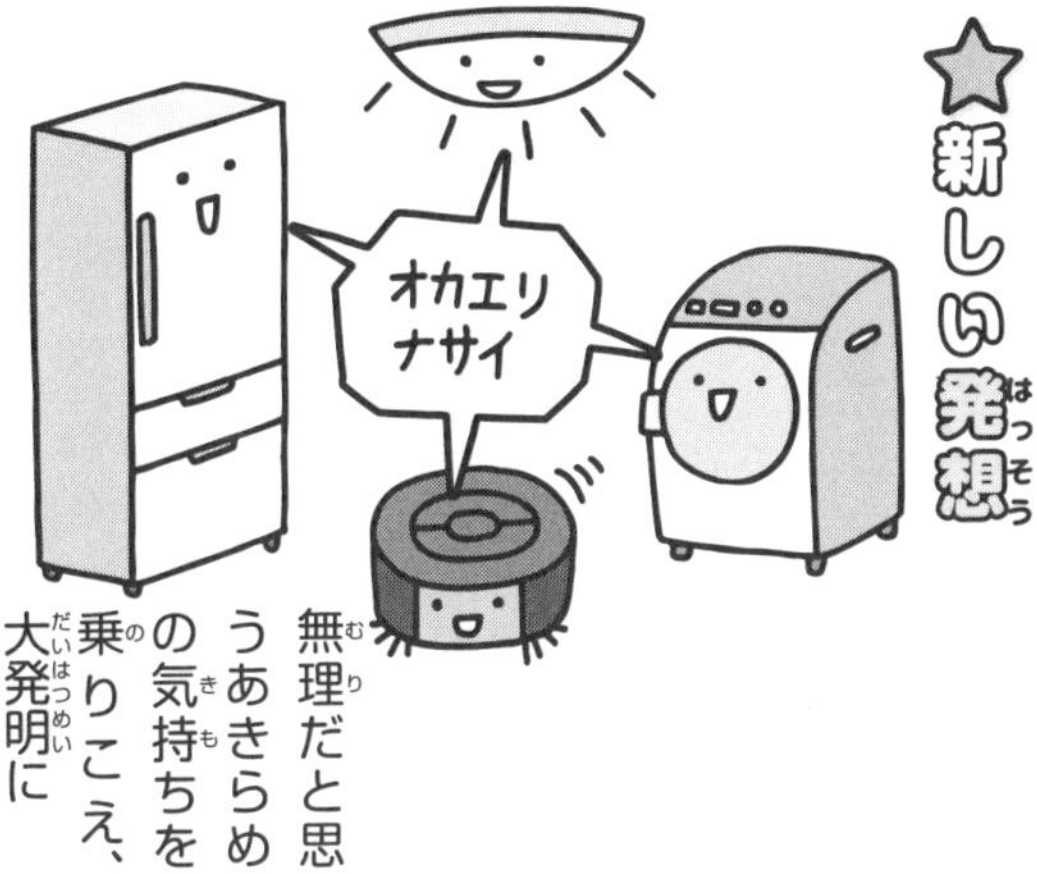

無理《むり》だと思うあきらめの気持《きも》ちを乗《の》りこえ、大発明《だいはつめい》につながるよ。

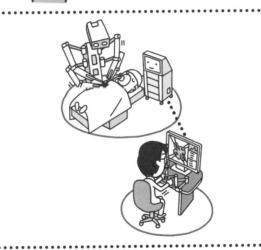

どんな人がクラスの人気者《にんきもの》になる？

では、ヒロくんを例《れい》にして人気者《にんきもの》になるヒミツやコツを考えてみよう。

ヒロくんはどうして人気者《にんきもの》？

ヒロくんはとにかくやさしいの。だれにでも親切だよ。

明るいから、いっしょにいると楽しい気持《きも》ちになるんだ。

わたしが悲《かな》しいとき、わかってくれたの。

つまり、人気者《にんきもの》というのは……

楽しい人

笑《わら》わせたり、楽しいふんいきや明るい性格《せいかく》の人には自然《しぜん》と人が集《あつ》まるよ。

小学生にきいたよ！

足が速《はや》い

など

中学生にきいたよ！

明るい

くわしい

など

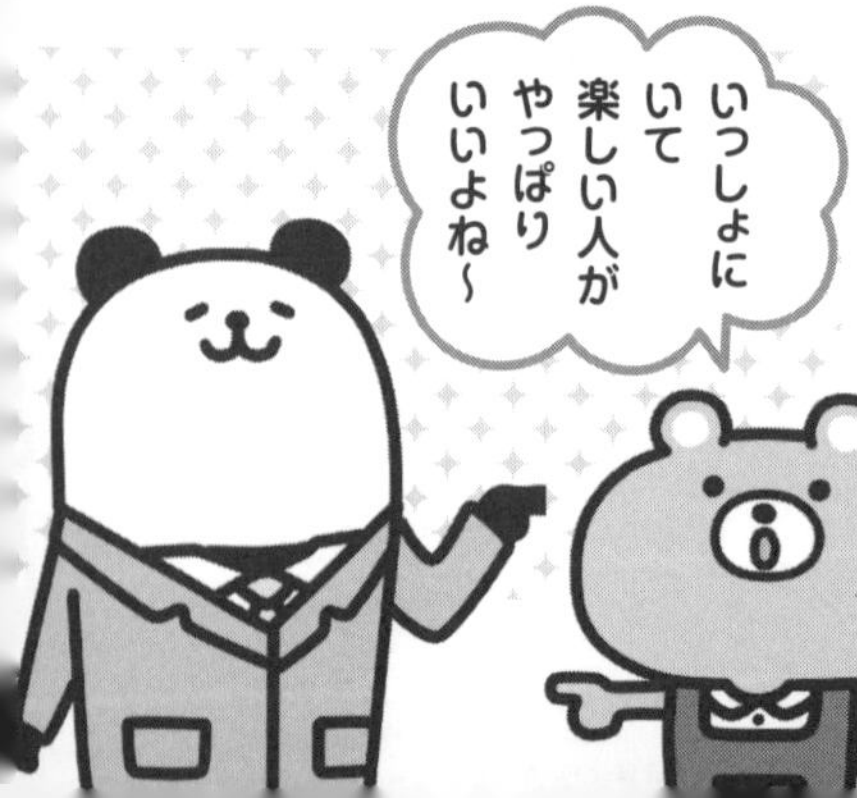

いっしょにいて楽しい人がやっぱりいいよね～

やさしい人

だれにでもやさしい
人というのは、
やっぱりみんなに
好《す》かれるよね。

人の気持《きも》ちがわかる人

相手《あいて》の立場を
考えて行動《こうどう》できる
人は、心を開《ひら》いて
もらえるんだ。

目立つ人

上の３つがあって、
さらに目立てば最強《さいきょう》！

勉強《べんきょう》ができる

すごく元気

ものまねができる

得意《とくい》なことがある

かわいい

特技《とくぎ》がある

おしゃれ

かっこいい

かげがある

歌がうまい

うむ。小学生と中学生では少し変《か》わることにも注目《ちゅうもく》じゃ
わたしも人気者《にんきもの》になれるかな
そっか。オレもヒロを見習《みなら》ってやさしさを身《み》につけるぞ！
ぼくは人気者《にんきもの》じゃなくてもわかってくれる人がいればそれでいいな

21 元気のない友だちをはげましたい！ でもどうやって？

ず〜ん
今日ハナちゃんなんだか元気ないよね…
言われてみればそうかも
もし、何かなやんでるんだったら、はげましてあげたいよね？
もしかしたら、きかれたくないなやみかもしれないよ
ヒソ
ヒソ
う〜ん…考えてても仕方《しかた》ないから、きいてみよう
だいじょうぶかな…
はら
はら
あれ？いなくなってる
どうしちゃったんだろう

もえちゃんのもやもや

元気が出るようにしたいけど……

どうやってはげまそう？

とにかく元気出してとはげます？

「どうしたの？」と声をかけるだけでもしたほうがいい？

「なんでも話きくよ？」って、声をかける……？

きっと声をかけられるのを待《ま》っているはず!?

おせっかいになるかも……やめておく？

一人でいたいのかも。声をかけたらめいわく？

おせっかいは、したくない。

ハナちゃんはいつも元気でいてほしい、なんて思うのはわたしの勝手《かって》なのかも。

わしなら、まずは声をかけるぞ！

これを愛《あい》して能《よ》く労《ろう》することなからんや。忠《ちゅう》にして能《よ》くおしうることなからんや。

『論語《ろんご》』憲《けん》問《もん》第《だい》十四

◆意味《いみ》
人を愛《あい》したら、はげまさないでいられるか。人に誠実《せいじつ》であれば、忠告《ちゅうこく》をせずにいられるか。

大好《だいす》きな友だちが、元気がなかったり、落《お》ちこんだりしていたら、元気づけたい！　と思うのは当たり前。それはとっても大切なことじゃ。

わしからも、ほめてやるぞ。

「はげましたい」という気持《きも》ちは、友だちとして当たり前の気持《きも》ち

はげましたい思いだけでも、相手《あいて》に伝《つた》われば、十分なことも多いんだよ。

……
元気なかったけど、
どうすればよかったのかな？

かりにおせっかいだとしても、自分のことを大切に思ってくれる人の気《き》持《も》ちは、伝《つた》わるものじゃ。それだけでも安心《あんしん》につながるぞ。

ポン

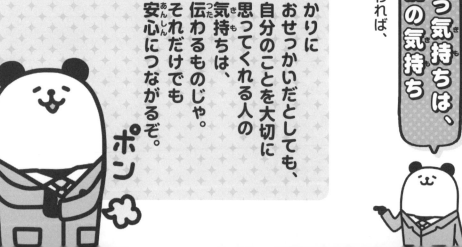

どうやって、はげましたらいいかな？

はげますことがむずかしいのは、自分がはげましたつもりでも、相手《あいて》は、はげまされたと思わないときがあること。「はげます」とは、「相手《あいて》が元気になること」だと考えるといいよ。

☆そばにいる

まずは、「味方《みかた》だよ」の合図。ここで相手《あいて》がいやな顔をしたり、顔を合わせなかったりしたら、一人になりたいしるし。そっとしておこう。

☆どうしたの？ときいてみる

まずは、やさしくきいてみるのも大切。でも、話せない、話したくないときもあるはず。そのときは、それ以上《いじょう》きくのはやめよう。

☆しつこくきかない

なぜ？ それで？ など、しつこくきくのはやめよう。話したくなるまで待《ま》つのも大切なことだよ。

☆だまっているのもいい

うまいアドバイスが見つからなかったら、無理《むり》に何か言おうとせずに、だまってきいているだけでもいいんだよ。

そっか、わたしも近《ちか》くに友だちがいると安心《あんしん》することあるよ

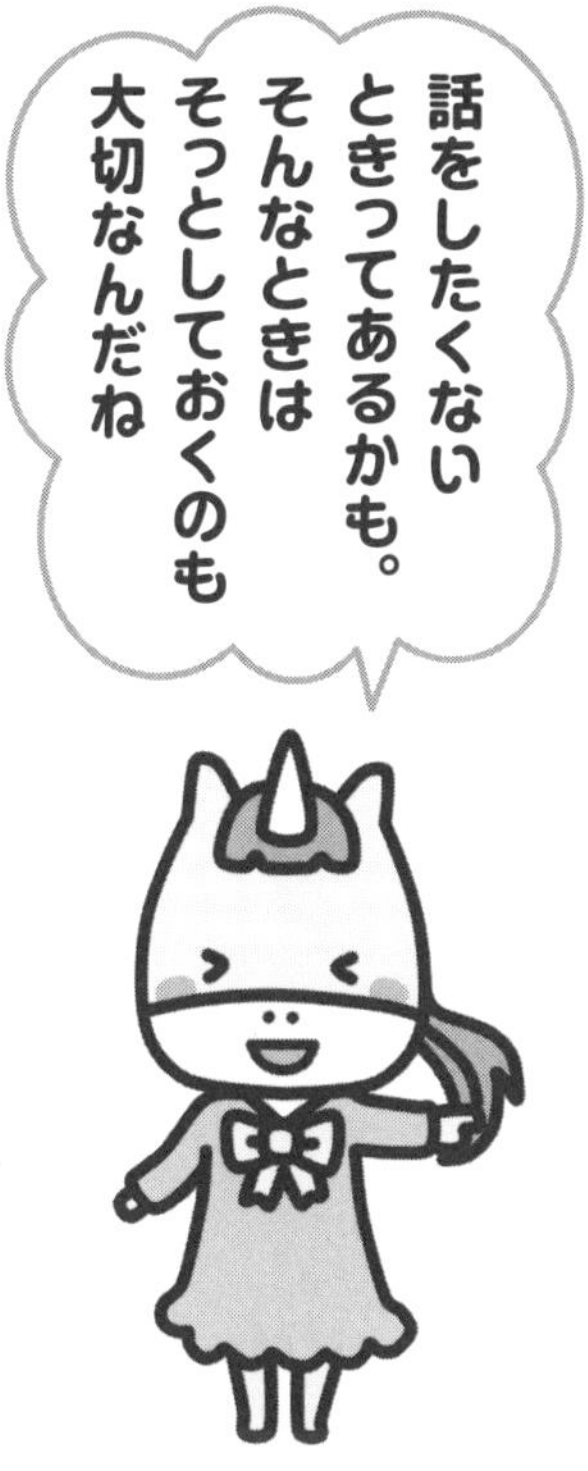
話をしたくないときってあるかも。そんなときはそっとしておくのも大切なんだね

話をきくことが、何よりもはげましかも。

「はげます」とは、
「相手《あいて》に
元気になって
もらうこと」。

落《お》ちこんでいる人は、
だれかに
全部《ぜんぶ》話し終《お》わると、
たいていなんだか
すっきりしたり、

ちょっとだけ
元気になる
ものなんだ。

まずは
話をきいて
あげることで、
友だちを
「はげます」ことを
してみると
いいと思うよ。

ハナちゃん
休み時間どこに
行ってたの?
元気ないように
見えたけど
てつやで本を
読んでたらすごく
ねむくなっちゃって、
保健室《ほけんしつ》へ行って
特別《とくべつ》に休ませて
もらってたの
ズコー

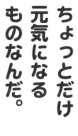

22 先生の言うことも友だちの言うこともわかるけど……。

下校時間です すみやかに下校しましょう
はぁ〜
くまおくん もう下校する時間だよ〜 まだ帰らないの?
今日は帰ってもパパとママがいないから、まだ帰りたくないんだ
そうなんだ! ならぼくもいっしょにいるよ
ほんと!?
でも……下校時間になると、みんな帰らなきゃいけない決《き》まりなんだよね…、学校にいるとおこられちゃうかも…
パンダ校長、おこるとこわいからな…。やっぱり帰ろうかな〜、でも…
こまってる友だちをほうっては、おけない!
?
う〜ん
う〜ん

コウくんのもやもや

こまっている友だちは、ほうっておけない

でも、下校時間は守《まも》らないといけないし……

くまおくんの役《やく》に立ちたい

さみしそうなくまおくんを一人にできないよ！

くまおくんはかぎっこなんだ。

二人でいれば楽しいよね。

決《き》まりは守《まも》らないといけない

下校時間を守《まも》らなきゃ、パンダ校長におこられる。

でも、ぼくが帰ったらくまおくんは一人になる。

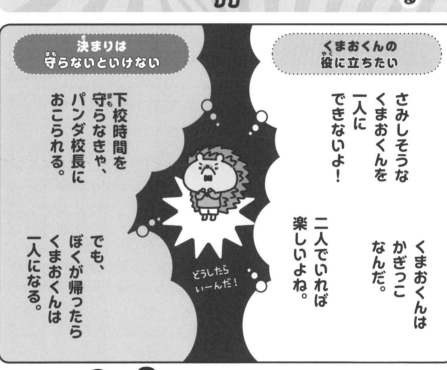

博《ひろ》く学《まな》びて篤《あつ》く志《こころざ》し、切《せつ》に問《と》いて近《ちか》く思《おも》う、仁《じん》、その中《なか》に在《あ》り。

『論《ろん》語《ご》』子《し》張《ちょう》第《だい》十九

◆意味《いみ》
広く学んで意志《いし》をしっかり固《かた》め、真剣《しんけん》に質問《しつもん》し身近《みぢか》な問題《もんだい》として考えれば仁《じん》はその心の中にある。

自分の問題《もんだい》として真剣《しんけん》に考えていれば、おのずと答えがわかるはずじゃ。

二つの意見《いけん》の板《いた》ばさみになったら……

コウくんと同じように、ちがう二つの意見《いけん》に、自分はどうすればいいかまようことってあるかな？　このように、対立《たいりつ》する二人の意見《いけん》の間にはさまり自分の態度《たいど》が決《き》められずなやむことを「板《いた》ばさみ」というんだ。ではどうすればいいのかな？

☆話をよーく聞こう

雨の日の水やりについて

先生：雨の日は係《かかり》の当番でも、花だんに水をやる必要《ひつよう》はありません。

Aちゃん：係《かかり》の仕事《しごと》なんだから、やるべき。じゃないと雨の日の当番の人がズルイ。

うーん

どちらも正しい気がするどうしたらいいかな？

それぞれの言いたいことって？

先生は、植物《しょくぶつ》を守《まも》る大切さを伝《つた》えたくて、Aちゃんは当番の気持《きも》ちを伝《つた》えたいんだね。

先生

係《かかり》の仕事《しごと》は大切だね。でも、雨の日は水やりは必要《ひつよう》ない。水をやりすぎると、かえって花によくないでしょう？

Aちゃん

決《き》まりは決《き》まり。雨の日だって少しは水やりをしたほうがいいと思う。

それぞれの話をよくきいたら、自分がどうしたいかも、わかってきた!?

先生の言うとおり、雨の日は水やりの必要《ひつよう》はないと思います。

認《みと》める

はっきり

思ったことを言う

でも、Aちゃんの言うとおり、雨の日も係《かかり》の人はやるべき。だから水やりのほかに、雨の日の仕事《しごと》を作ると、いいと思います！

コウくんもためしてみたよ!

くまおくんの気持《きも》ち

今日は一人ぼっちで
家に帰りたくない気分
だったんだ。
下校時間だったけど、
コウくんが
いっしょにいるよって
言ってくれて
うれしかった!

パンダ校長との約束《やくそく》

下校時間はちゃんと
守《まも》らなきゃいかんぞ。
おそくなると、
心配《しんぱい》するおうちの
人もいる。
安心《あんしん》、安全《あんぜん》を
考えることが一番じゃ。

よく考えたコウくんは……

やっぱり、くまおくんを
一人にはできないな。
でも、下校時間は守《まも》らないと。
だから、一度《いちど》うちに帰って
かばんを置《お》いて
お母さんと相談《そうだん》してみる!

くまおくんの家で、
いっしょに
遊《あそ》べばいいんだよね!
お母さんにも話して
おけば、安心《あんしん》だ。

きみは、こんなときどうする?

きのこは、植物《しょくぶつ》ですが…
ふむふむ
あれ？図かんには、きのこは菌類《きんるい》って書いてある

例《たと》えば……

友だちといっしょに図かんを持《も》って、先生のところへ質問《しつもん》に行く。

おなかがすいたよ〜コンビニでアイス買おう
こまったなぁ……
下校中に寄《よ》り道してはいけません
って校長は言ってたし…
ソフトクリーム

友だちと話をしながら帰れば、おなかがすいていることもわすれるかも？家に帰るまで、がまんする。

答えは一つじゃないよ。きみも考えてみよう。

それから、どうなった？ ～エピローグ～

すごくおもしろかったよ
でしょー
あの二人あいかわらず仲《なか》がいいなー
……
ちーす
きいてくれよ～
あキン太《た》
どうしたの？

この間
サッカーの試合《しあい》で
オレ、逆転《ぎゃくてん》ゴールを
決《き》めたんだ
次《つぎ》は決勝戦《けっしょうせん》だぜ！
えーー！すごい！
さすがキン太《た》だ
わたし次《つぎ》の試合《しあい》応《おう》えんに行くよ！
本当か!?
もえちゃんとみきちゃんもさそってみよう
ねぇねぇ

試合《しあい》当日
ファイト！ファイト！
ガンバレ
いけー！！キン太《た》！
ゴール
ピピー
楽しかったね～わたし夢中《むちゅう》で応《おう》えんしちゃった
すごくいい試合《しあい》だったもんね
さいごのゴールすごかったよね

応《おう》えんしたらおなかすいちゃったドーナツ屋《や》さん行かない？カワイイカエルドーナツがあるんだ〜
いいけどなんでカエル？
もえちゃんはカエルが好《す》きなんだよ
そうなのカエルラブなの
そうなんだ
みきちゃんは何が好《す》き？
わたしはね〜
アハハハ
アハハハ
みんなの関係《かんけい》が少しずつ変《か》わってきたようじゃの
今回もなやみポスト大成功《だいせいこう》じゃ

あとがき

「どうしたらいいんだろう…」

きみには、なやみがあるかな?

「なぜ? どうして?」

心に引っかかるぎもんはあるかな?

あるよね。あって当たり前。

大昔《むかし》からずっと、人間はみんな、なやんできたんだから。

でも、
なやみとつき合いながらも、
わたしたちは生きていかなくちゃならない。

この本には、なやみとつき合うコツが出ているよ。

もちろん、きみのなやみとそっくり同じものはないだろう。

たとえ、同じだとしても、キャラクターたちと同じように

「おみくじ」で登場《とうじょう》する、『論語《ろんご》』『孫子《そんし》』について……

この本の中の「おみくじ」のもととなった、『論語《ろんご》』『孫子《そんし》』は、パンダ校長の持《も》っているおみくじの言葉《ことば》として、わかりやすく解釈《かいしゃく》がなされています。『論語《ろんご》』とは、今から約《やく》二千年以上《いじょう》前に成立《せいりつ》したとされる、世界的《せかいてき》に有名な中国の古典です。中国の思想家《しそうか》「孔子《こうし》」自身《じしん》の言行や弟子たちとの対話《たいわ》を記《しる》したもので、孔子《こうし》の没後《ぼつご》、門弟《もんてい》によって編纂《へんさん》されたと言われています。『孫子《そんし》』は、中国最古《さいこ》の兵法書《へいほうしょ》で「孫武《そんぶ》」などの作と言われています。どちらも長く読みつがれ、人生や悩《なや》みのヒントとなるような言葉《ことば》がたくさんつまっています。ここでは紹介《しょうかい》しきれない言葉《ことば》もたくさんあります。興味《きょうみ》がわいたら、ぜひ手に取《と》ってみてください。

パンダ校長

解決《かいけつ》できるともかぎらないよね。
でも、「おみくじ」の答えや、キャラクターたちが、何かヒントになればいいね。
相手《あいて》の気持《きも》ちを考えることや、自分の気持《きも》ちと向《む》き合うこと。
一人ではだれも生きていけないから、助《たす》け合っていけるといいよね。
キャラクターたちの言葉《ことば》や行動《こうどう》が、自分とはちょっとちがうかな？
と思ったら、その思いを大切にしよう。
それがきみの生き方に、よゆうや希望《きぼう》をつくるから。
きみの毎日を、心から応《おう》えんしているよ。

「毎日を生きるコツ」編集委員会

おうちの方へ

この本は子どもたちの生活で生じる悩みや腑に落ちない疑問を通じて、毎日を生きる意欲を持てることをねらいにしています。Q＆A形式の構成ですが、決して正解として述べているわけではありません。悩みは一人一人違うもので、解決方法も一律ではありません。どうぞお子さんとたくさん会話をし、素敵な解決を見つけてください。お子さんのたくましい成長を、心よりお祈り致します。

※『論語』、『孫子』はわかりやすさを考慮し、新字体の書き下し文で
表記し、適宜ひらがなに直し、ふりがな、句読点等を入れております。

きみたちのSOSにこたえる　2巻

毎日を生きるコツ　友だち・家族・人間関係

2017年7月26日　　第1刷発行

編集　　　　　　「毎日を生きるコツ」編集委員会
ブックデザイン　小笠原准子（アトムスタジオ）
イラスト　　　　my　川下隆　カオルン

発行人　　　　　川田夏子
編集人　　　　　小方桂子
編集担当　　　　山潟るり　岡あずさ
編集協力　　　　入澤宣幸　上埜真紀子

発行所　　　　　株式会社　学研プラス
　　　　　　　　〒141-8415　東京都品川区西五反田2-11-8
印刷所　　　　　共同印刷株式会社

参考文献　　　　『新訂孫子』金谷治 訳注／岩波書店
　　　　　　　　『論語』金谷治 訳注／岩波書店
　　　　　　　　『論語なかよしかるた』竹内貴久雄 著／学研
　　　　　　　　『「孫子の兵法」がわかる本』守屋洋 著／三笠書房
　　　　　　　　『論語（ビギナーズ・クラシックス 中国の古典）』加地伸行 著／角川書店

●この本に関する各種お問い合わせ先
【電話の場合】
編集内容については　Tel 03-6431-1615（編集部直通）
在庫、不良品（落丁、乱丁）については　Tel 03-6431-1197（販売部直通）
【文書の場合】
〒141-8418　東京都品川区西五反田2-11-8
学研お客様センター『きみたちのSOSにこたえる』係

●この本以外の学研商品に関するお問い合わせは下記まで
Tel 03-6431-1002（学研お客様センター）

©Gakken Plus 2017 Printed in Japan
本書の無断転載、複製、複写（コピー）、翻訳を禁じます。
本書を代行業者等の第三者に依頼してスキャンやデジタル化することは、
たとえ個人や家庭内の利用であっても、著作権法上、認められておりません。
複写（コピー）をご希望の場合は、下記までご連絡ください。
日本複製権センター　http://www.jrrc.or.jp/
E-mail：jrrc_info@jrrc.or.jp　電話03-3401-2382
Ⓡ〈日本複製権センター委託出版物〉
学研グループの書籍・雑誌についての新刊情報・詳細情報は、下記をご覧ください。
学研出版サイト　http://hon.gakken.jp/